JN094495

本書の特色と使い方

4段階のステップ学習で、豊かな学力が形成されます。

「音読」「なぞり書き」「書き写し」「暗唱」の4段階のシートで教科書教材を深く理解でき、ゆっくり学んでいくうちに、豊かな学力が形成されます。

ゆっくりていねいに、段階を追った学習ができます。

問題量を少なくした、ゆったりとした紙面構成で、読み書きが苦手な子どもでも、ゆっくりていねいに、段階を追って学習することができます。また、漢字が苦手な子どもでも、学習意欲が減退しないように、問題文の全てにかな文字を記載しています。

光村図書・東京書籍・教育出版の国語教科書から抜粋した詩・物語・説明文教材の問題などを掲載しています。

教科書掲載教材を使用して、授業の進度に合わせて予習・復習ができます。三社の優れた教科書教材を掲載しておりますので、ぜひご活用ください。

どの子も理解できるよう、お手本や例文を記載しています。

問題の考え方や答えの書き方の理解を補助するものとして、はじめに、なぞり書きのできるグレー文字のお手本があります。また、文作りでは例文も記載しています。

あたたかみのあるイラストで、文作りの場面理解を支援しています。

わかりやすいイラストで、文章の理解を深めます。生活の場面をイラストにして、そのイラストに言葉をそえています。イラストにそえられた言葉を手がかりに、子ども自らが文を作れるように配慮してあります。また、イラストの色塗りなども楽しめます。

支援教育の専門の先生の指導をもとに、本書を作成しています。

教科書の内容や構成を研究し、小学校の特別支援学級や支援教育担当の先生方、専門の研究者の先生方のアドバイスをもとに問題を作成しています。

※**ワークシートの解答例について（お家の方や先生方へ）**
本書の解答は、あくまでもひとつの「解答例」です。お子さまに取り組ませる前に、必ず指導される方が問題を解いてください。指導される方の作られた解答をもとに、お子さまの多様な考えに寄り添って○つけをお願いします。

もっとゆっくりていねいに学べる **作文ワーク基礎編**
（光村図書・東京書籍・教育出版の教科書教材より抜粋）

1—② 目次

書き写し・音読・暗唱

文作り

書き写し・音読・暗唱　シートの見分け方

…音読・なぞり書き
…音読・書き写し
…音読・覚える・なぞり書き

…暗唱・覚えて書く

ともだち ①

しを おんどくして、おぼえましょう。また、しを かきましょう。

名まえ

ともだち、ともだち、
だれでも ともだち。
いいな、いいな。
なんでも できて、
なんでも やって、
いい きもち。
みんなで そら みて、
ヤッホー。

★かき おわったら、もう いちど、おんどくしましょう。

（令和二年度版 光村図書 こくご 一下 ともだち まど・みちお）

ともだち ②

名まえ

しを あんしょうしましょう。おぼえたら かきましょう。

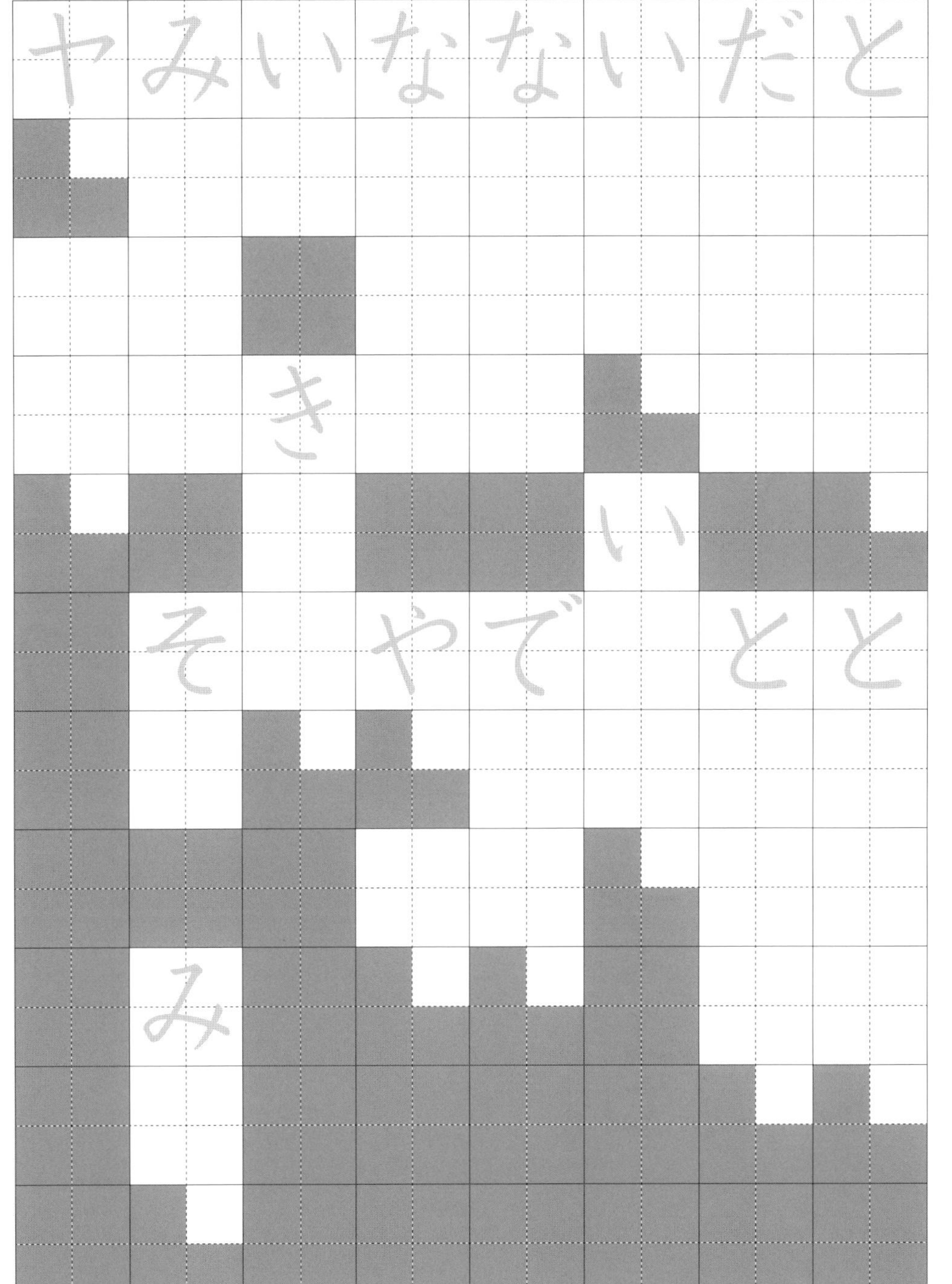

★かき おわったら、もう いちど、おんどくしましょう。

（令和二年度版 光村図書 こくご 一下 ともだち まど・みちお）

ありがとう ①

名まえ

しを　おんどくしてから、かき　うつしましょう。

ありがとう

しょうじ　たけし

ありがとう
ありがとう
ありがとう
ありがとう

いえば
とっても
いえば
とっても
いい
きもち
いい
きもち

★かき　おわったら、もう　いちど、おんどくしましょう。

（令和二年度版　東京書籍　あたらしいこくご　一下　しょうじ　たけし）

ありがとう ②

名まえ

しを　おんどくしてから、かき　うつしましょう。

ありがとう

しょうじ　たけし

ありがとう
ありがとう

いいえ
ばとっても
いい
きもち

★かき　おわったら、もう　いちど、おんどくしましょう。

（令和二年度版　東京書籍　あたらしいこくご　一下　しょうじ　たけし）

ありがとう ③

名まえ

しを　おんどくしてから、かき　うつしましょう。

いわれりゃ　もっと

いい　きもち

ありがとう

ありがとう

★かき　おわったら、もう　いちど、おんどくしましょう。

（令和二年度版　東京書籍　あたらしいこくご　一下　しょうじ　たけし）

ありがとう ④

名まえ

しを　おんどくしてから、かき　うつしましょう。

いわれりゃ　もっと

いい　きもち

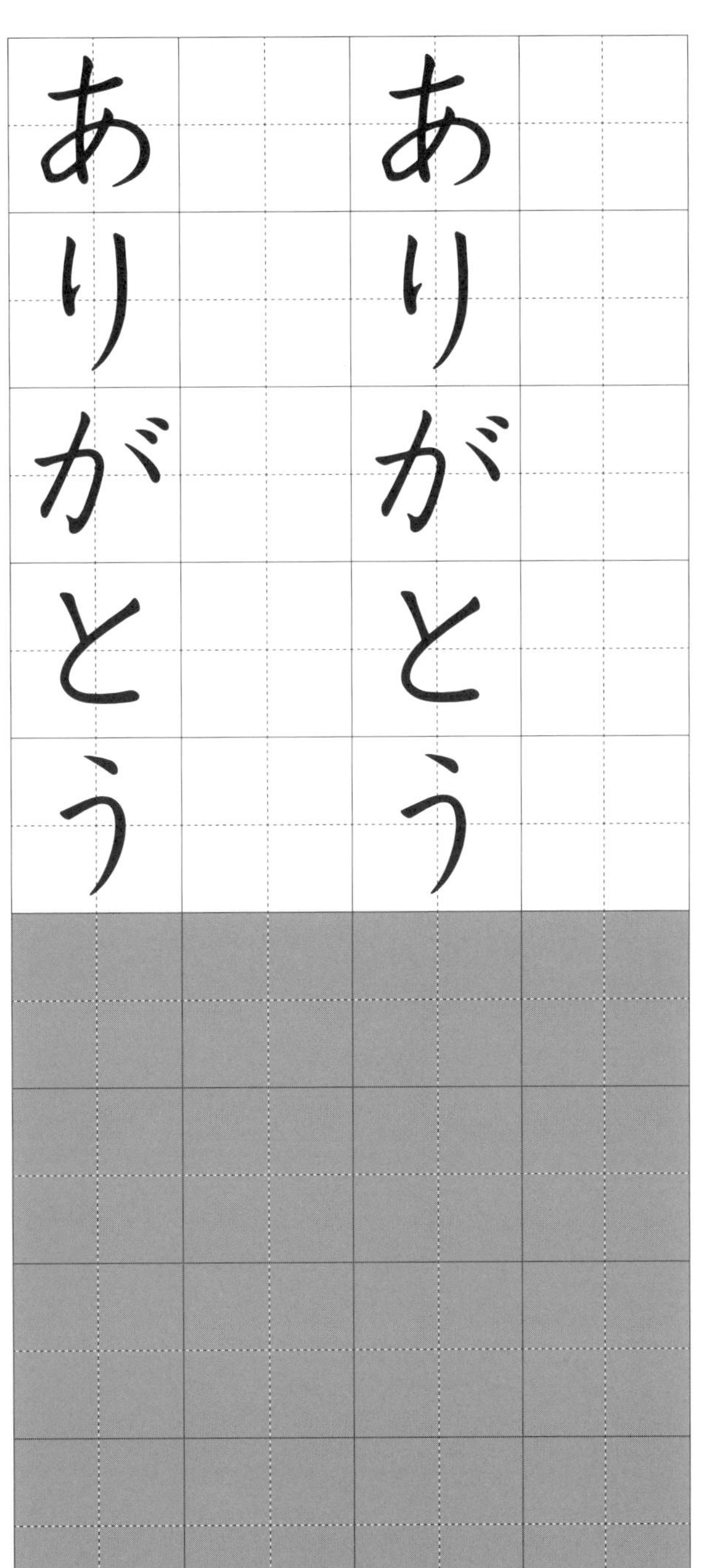

★かき　おわったら、もう　いちど、おんどくしましょう。

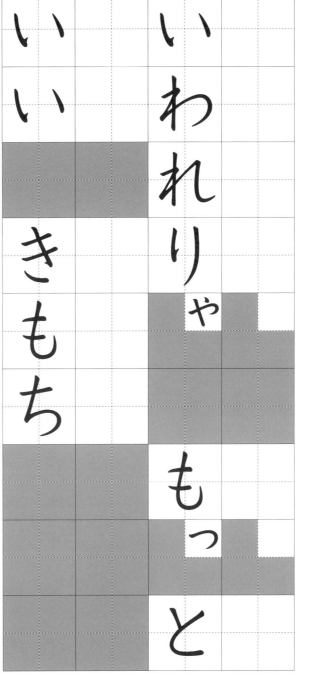

（令和二年度版　東京書籍　あたらしいこくご　一下　しょうじ　たけし）

ありがとう ⑤

名まえ

しを　おんどくして、おぼえましょう。また、しを　かきましょう。

ありがとう

しょうじ　たけし

ありがとう
ありがとう

いいえ
いばって
きもちいい
もちもっと
いわれりゃ
きもち

ありがとう
ありがとう

★かき　おわったら、もう　いちど、おんどくしましょう。

（令和二年度版　東京書籍　あたらしいこくご　一下　しょうじ　たけし）

ありがとう ⑥

名まえ

しを　あんしょうしましょう。おぼえたら　かきましょう。

ありがとう

しょうじ　たけし

ああいい
きも
いいきと
ああ

★かき　おわったら、もう　いちど、おんどくしましょう。

（令和二年度版　東京書籍　あたらしいこくご　一下　しょうじ　たけし）

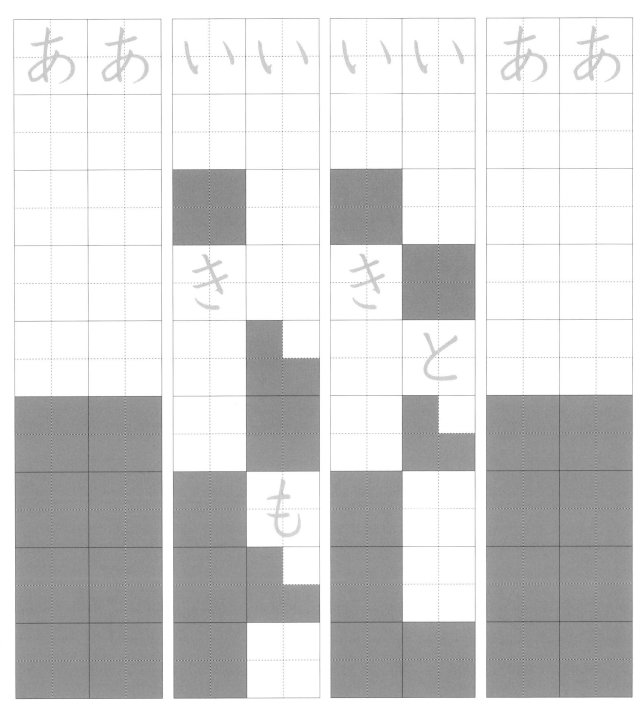

くじらぐも ①

名まえ

ぶんしょうを　おんどくしてから、かき　うつしましょう。

四(よ)じかんめの　ことです。
四(よ)じかんめの　ことです。
一(いち)ねん二(に)くみの
一(いち)ねん二(に)くみの
子(こ)どもたちが
子(こ)どもたちが
たいそうを　して　いると、
たいそうを　して　いると、
空(そら)に、
空(そら)に、
大(おお)きな　くじらが
大(おお)きな　くじらが

★かき　おわったら、もう　いちど、おんどくしましょう。

（令和二年度版　光村図書　こくご　一下　ともだち　なかがわ　りえこ）

くじらぐも ②

名まえ

ぶんしょうを　おんどくしてから、かき　うつしましょう。

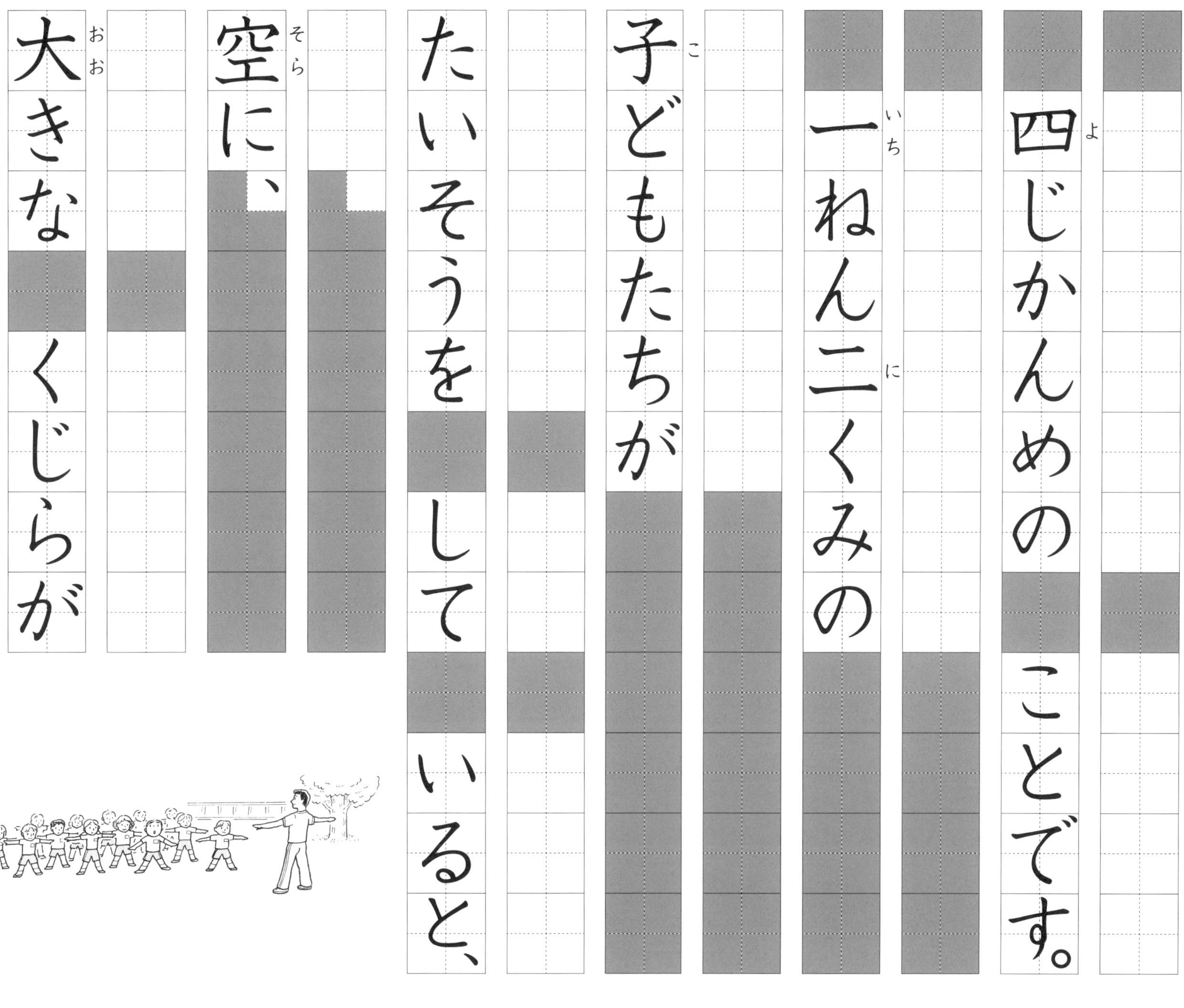

四じかんめの　ことです。

一ねん二くみの

子どもたちが

たいそうを　して　いると、

空に、

大きな　くじらが

★かき　おわったら、もう　いちど、おんどくしましょう。

（令和二年度版　光村図書　こくご　一下　ともだち　なかがわ　りえこ）

くじらぐも ③

名まえ

ぶんしょうを おんどくしてから、かき うつしましょう。

あらわれました。
あらわれました。
まっしろい くもの
まっしろい くもの
くじらです。
くじらです。
「一(いち)、二(に)、三(さん)、四(し)。」
「一(いち)、二(に)、三(さん)、四(し)。」
くじらも、たいそうを
くじらも、たいそうを
はじめました。
はじめました。

★かき おわったら、もう いちど、おんどくしましょう。

（令和二年度版 光村図書 こくご 一下 ともだち なかがわ りえこ）

くじらぐも ④

名まえ

ぶんしょうを おんどくしてから、かき うつしましょう。

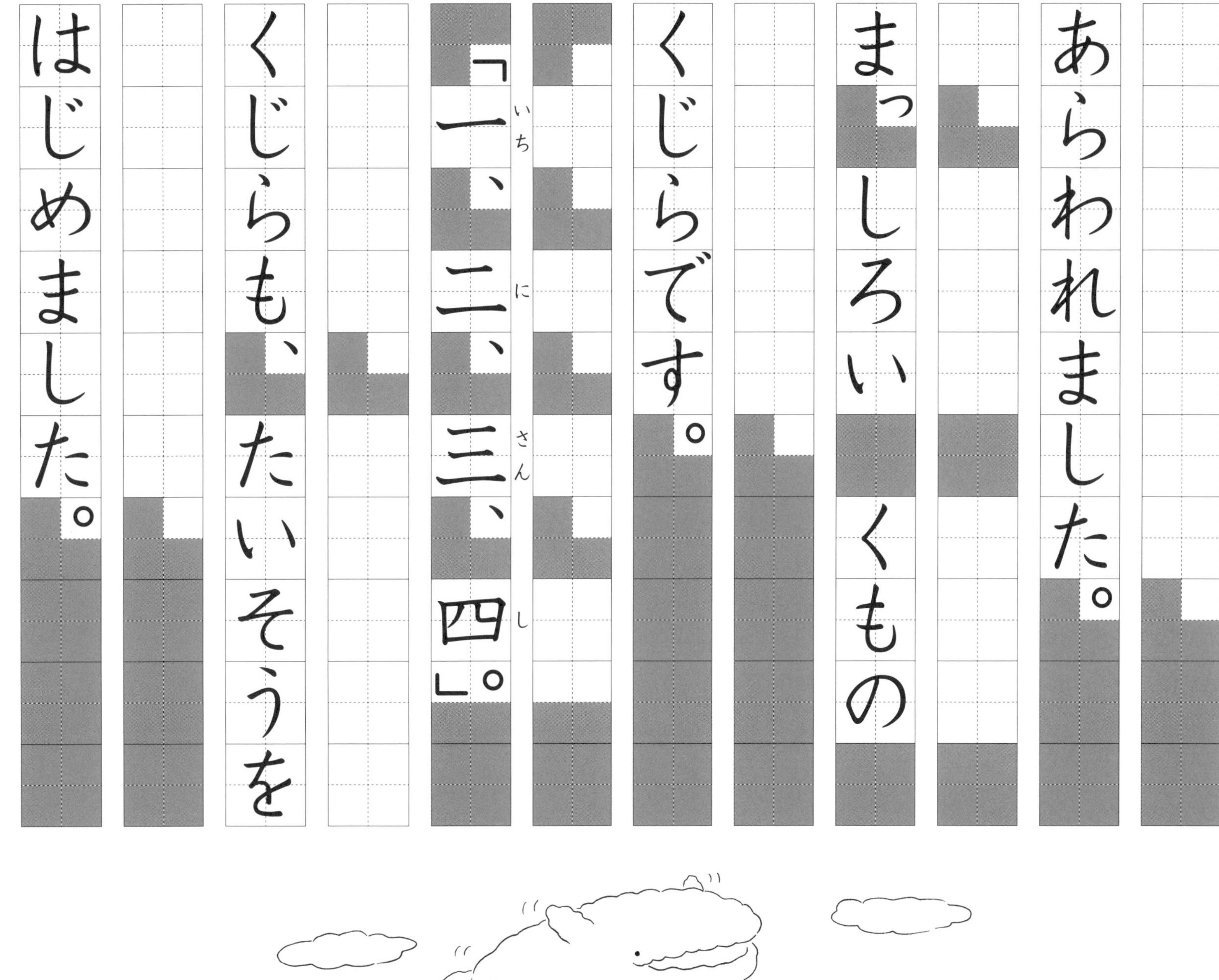

あらわれました。

まっしろい くもの

くじらです。

「一（いち）、二（に）、三（さん）、四（し）。」

くじらも、たいそうを

はじめました。

★かき おわったら、もう いちど、おんどくしましょう。

（令和二年度版 光村図書 こくご 一下 ともだち なかがわ りえこ）

くじらぐも ⑤

名まえ

ぶんしょうを　おんどくしてから、かき　うつしましょう。

のびたり　ちぢんだり
のびたり　ちぢんだり
して、
して、
しんこきゅうも　しました。
しんこきゅうも　しました。
みんなが　かけあしで
みんなが　かけあしで
うんどうじょうを
うんどうじょうを
まわると、
まわると、

★かき　おわったら、もう　いちど、おんどくしましょう。

（令和二年度版　光村図書　こくご　一下　ともだち　なかがわ　りえこ）

くじらぐも　⑥

名まえ

ぶんしょうを　おんどくしてから、かき　うつしましょう。

のびたり　ちぢんだり
して、
しんこきゅうも　しました。
みんなが　かけあしで
うんどうじょうを
まわると、

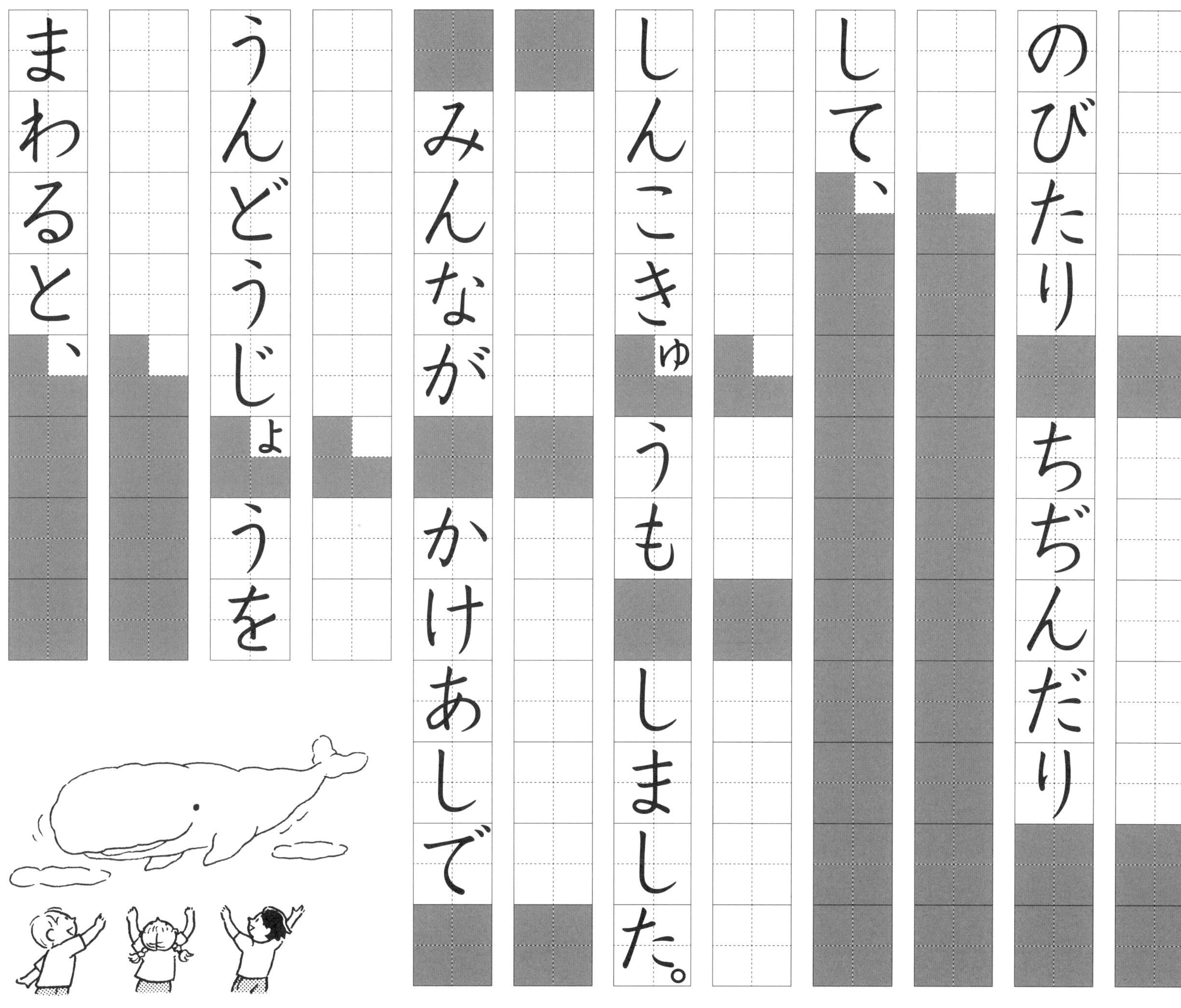

★かき　おわったら、もう　いちど、おんどくしましょう。

（令和二年度版　光村図書　こくご　一下　ともだち　なかがわ　りえこ）

くじらぐも ⑦

名まえ

ぶんしょうを　おんどくしてから、かき　うつしましょう。

くもの　くじらも、空を
くもの　くじらも、空(そら)を
まわりました。
まわりました。
せんせいが　ふえを
せんせいが　ふえを
ふいて、
ふいて、
とまれの　あいずを
とまれの　あいずを
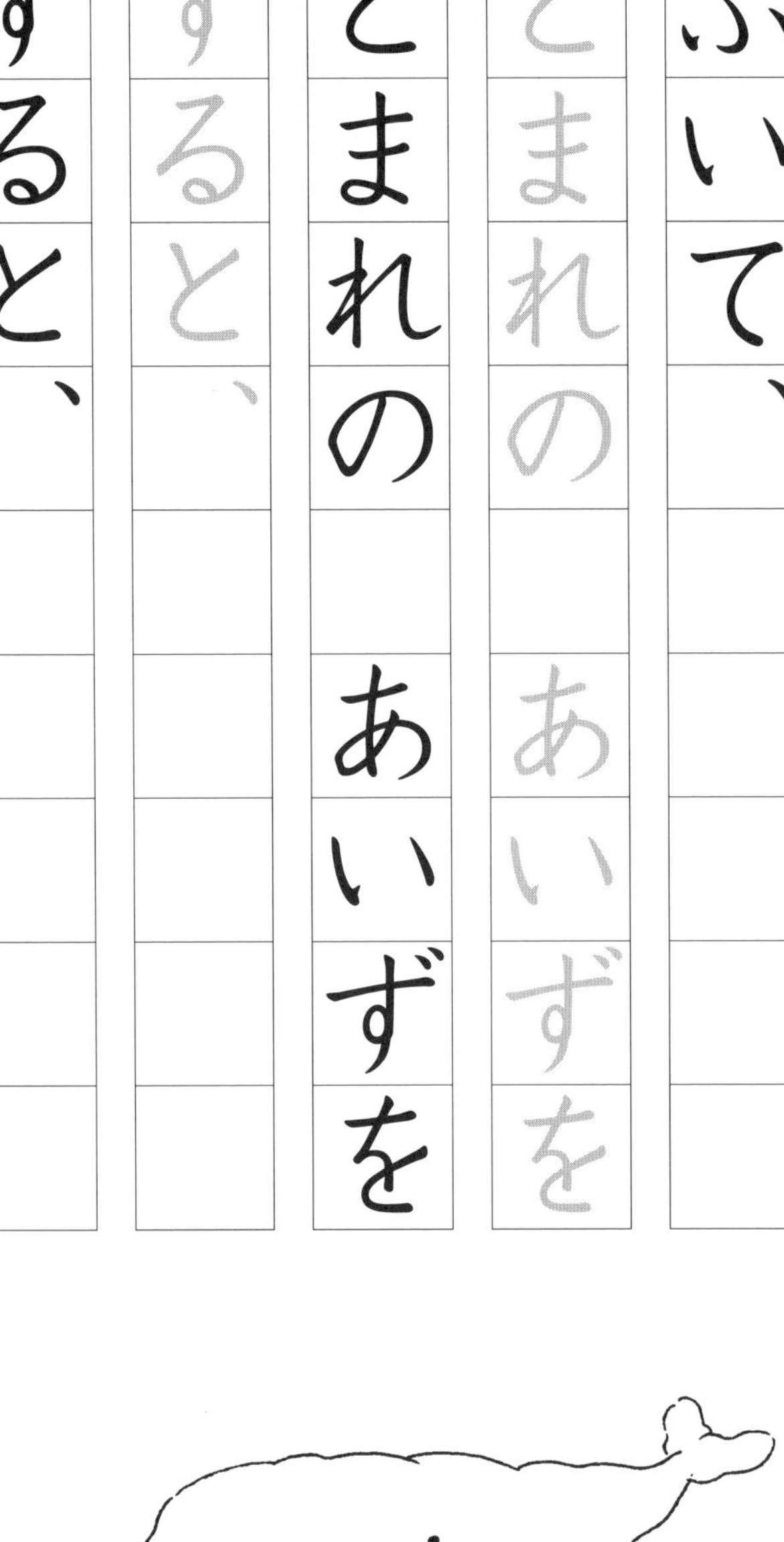
すると、
すると、

★かき　おわったら、もう　いちど、おんどくしましょう。

（令和二年度版　光村図書　こくご　一下　ともだち　なかがわ　りえこ）

くじらぐも ⑧

名まえ

ぶんしょうを　おんどくしてから、かき　うつしましょう。

くものくじらも、空（そら）を

まわりました。

せんせいが

ふえを

ふいて、

とまれの

あいずを

すると、

★かき　おわったら、もう　いちど、おんどくしましょう。

（令和二年度版　光村図書　こくご　一下　ともだち　なかがわ　りえこ）

くじらぐも ⑨

名まえ

ぶんしょうを おんどくしてから、かき うつしましょう。

くじらも とまりました。

くじらも とまりました。

「まわれ、みぎ。」

「まわれ、みぎ。」

せんせいが ごうれいを

せんせいが ごうれいを

かけると、くじらも、空(そら)で

かけると、くじらも、空(そら)で

まわれみぎを しました。

まわれみぎを しました。

＊

「さあ、およぐぞ。」

「さあ、およぐぞ。」

★かき おわったら、もう いちど、おんどくしましょう。

(令和二年度版 光村図書 こくご 一下 ともだち なかがわ りえこ)

くじらぐも ⑩

名まえ

ぶんしょうを　おんどくしてから、かき　うつしましょう。

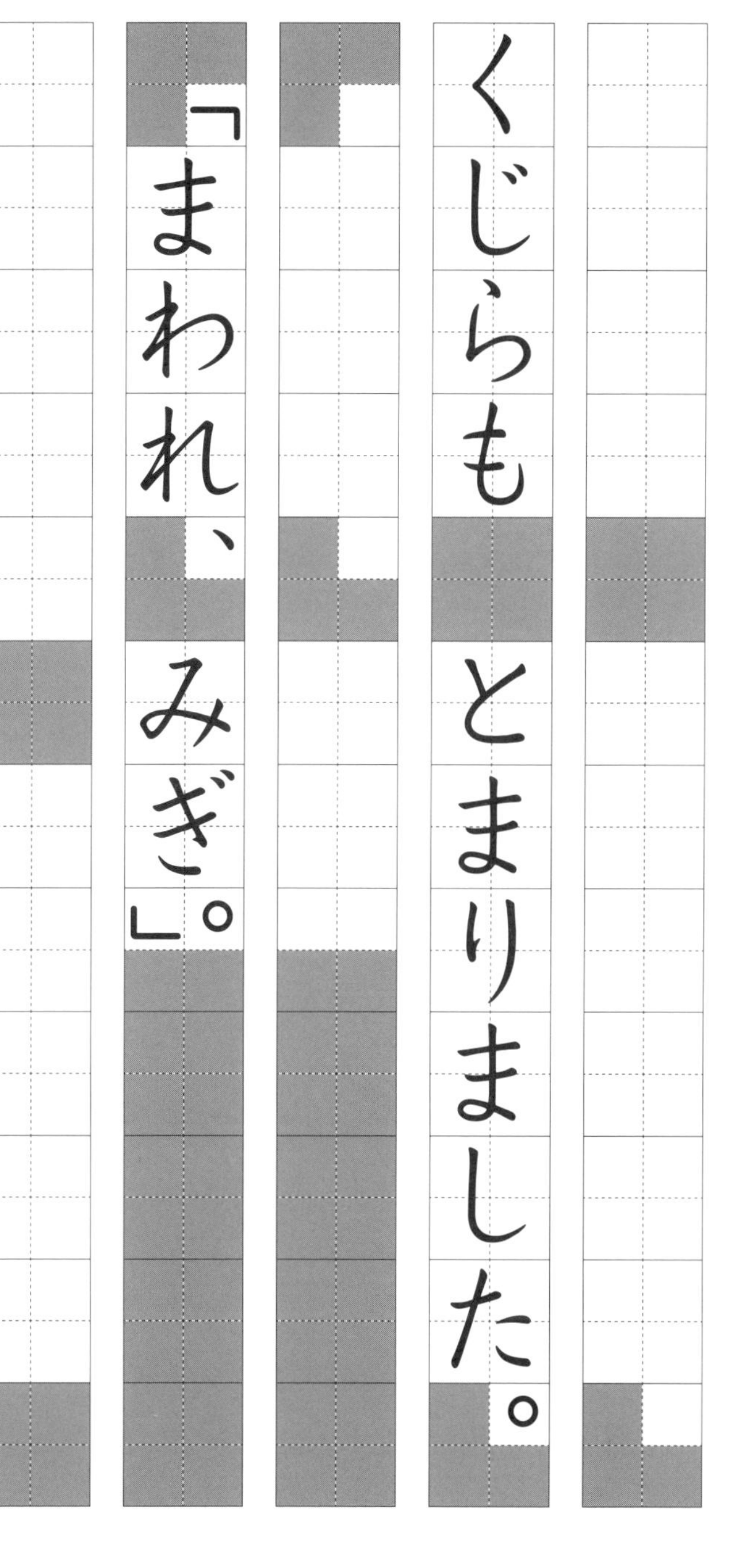

くじらも　とまりました。

「まわれ、みぎ。」

せんせいが　ごうれいを

かけると、くじらも、空（そら）で

まわれみぎを　しました。

＊

「さあ、およぐぞ。」

★かき　おわったら、もう　いちど、おんどくしましょう。

（令和二年度版　光村図書　こくご　一下　ともだち　なかがわ　りえこ）

くじらぐも ⑪

名まえ

ぶんしょうを　おんどくしてから、かき　うつしましょう。

くじらは、青（あお）い　青（あお）い
くじらは、青（あお）い　青（あお）い
空（そら）の　なかを、
空（そら）の　なかを、
げんき　いっぱい
げんき　いっぱい
すすんで　いきました。
すすんで　いきました。
うみの　ほうへ、
うみの　ほうへ、
むらの　ほうへ、
むらの　ほうへ、

★かき　おわったら、もう　いちど、おんどくしましょう。

（令和二年度版　光村図書　こくご　一下　ともだち　なかがわ　りえこ）

くじらぐも ⑫

名まえ

ぶんしょうを　おんどくしてから、かき　うつしましょう。

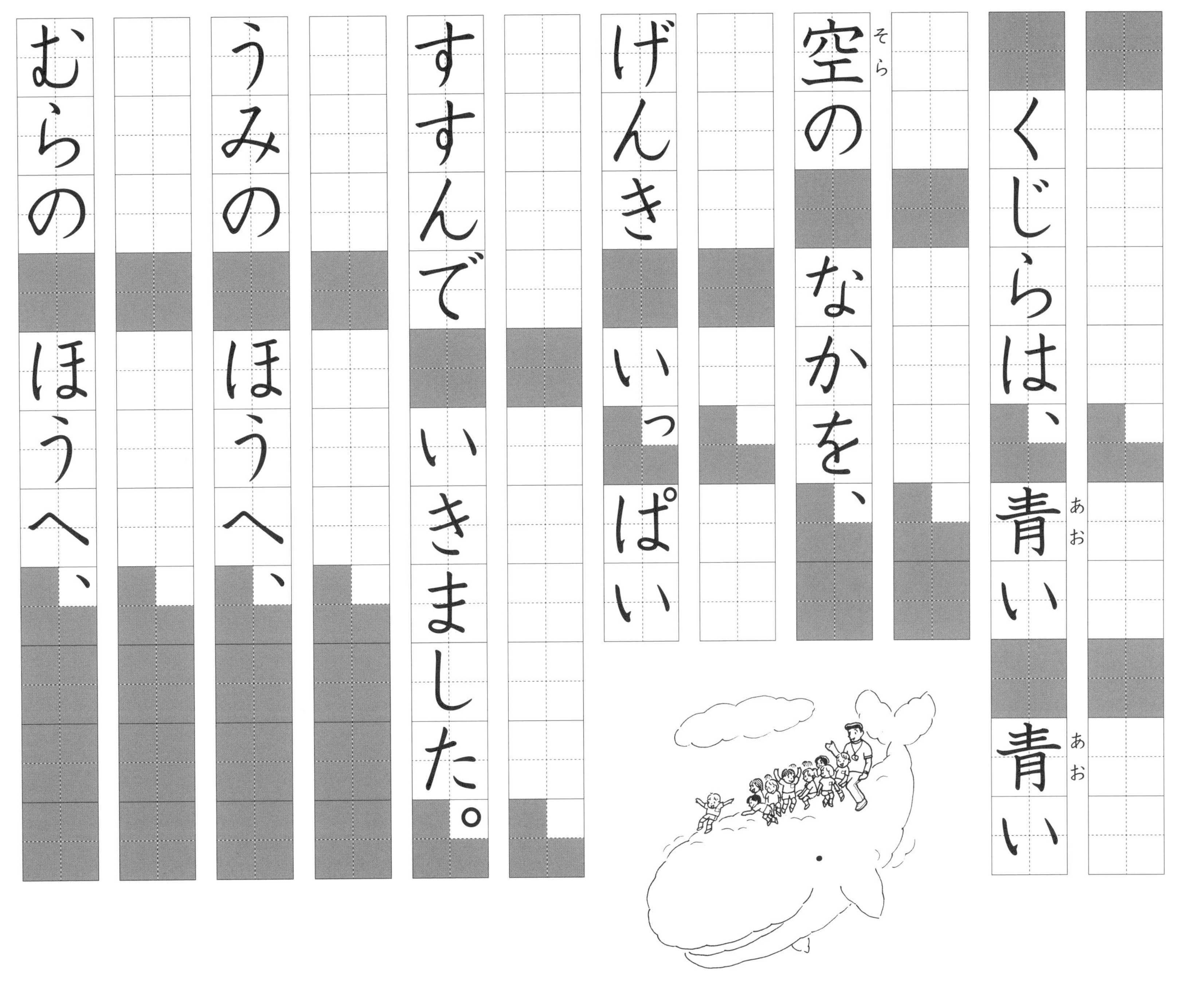

くじらは、青（あお）い　青（あお）い

空（そら）の　なかを、

げんき　いっぱい

すすんで　いきました。

うみの　ほうへ、

むらの　ほうへ、

★かき　おわったら、もう　いちど、おんどくしましょう。

（令和二年度版　光村図書　こくご　一下　ともだち　なかがわ　りえこ）

くじらぐも ⑬

名まえ

ぶんしょうを　おんどくしてから、かき　うつしましょう。

まちの　ほうへ。
まちの　ほうへ。
みんなは、うたを
みんなは、うたを
うたいました。
うたいました。
空(そら)は、どこまでも
空は、どこまでも
どこまでも
どこまでも
つづきます。
つづきます。

★かき　おわったら、もう　いちど、おんどくしましょう。

（令和二年度版　光村図書　こくご　一下　ともだち　なかがわ　りえこ）

くじらぐも ⑭

名まえ

ぶんしょうを　おんどくしてから、かき　うつしましょう。

まちの　ほうへ。
みんなは、うたを
うたいました。
空（そら）は、どこまでも
どこまでも
つづきます。

★かき　おわったら、もう　いちど、おんどくしましょう。

（令和二年度版　光村図書　こくご　一下　ともだち　なかがわ　りえこ）

じどう車くらべ ①

名まえ

ぶんしょうを　おんどくしてから、かき　うつしましょう。

バスや　じょうよう
バスや　じょうよう
車は、人を　のせて
車は、人を　のせて
はこぶ　しごとを
はこぶ　しごとを
して　います。
して　います。

★かき　おわったら、もう　いちど、おんどくしましょう。

（令和二年度版　光村図書　こくご　一下　ともだち「じどう車くらべ」による）

じどう車くらべ ②

名まえ

ぶんしょうを　おんどくしてから、かき　うつしましょう。

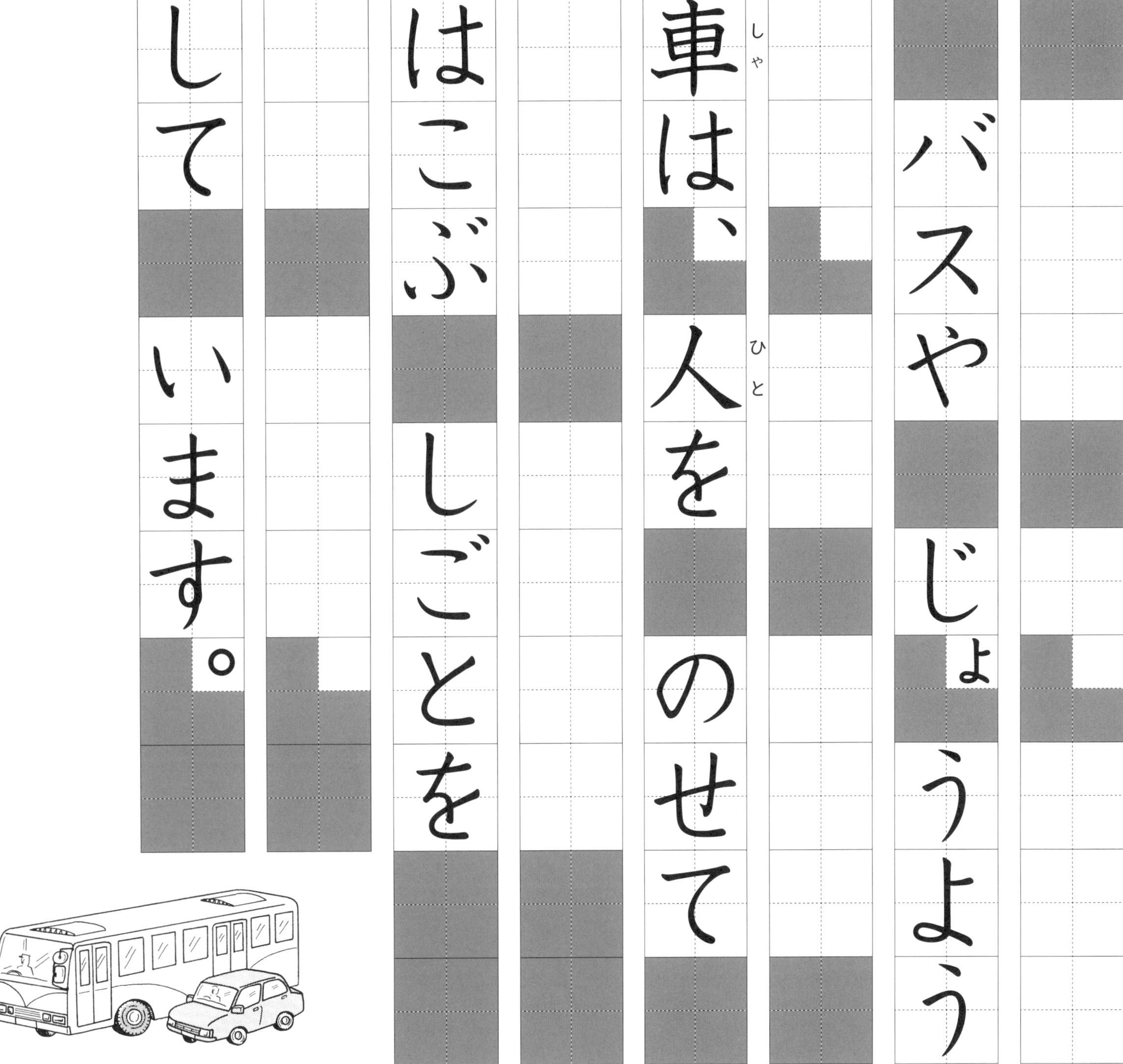

バスや　じょうよう車は、人を　のせて　はこぶ　しごとを　して　います。

★かき　おわったら、もう　いちど、おんどくしましょう。

（令和二年度版　光村図書　こくご　一下　ともだち　「じどう車くらべ」による）

じどう車（しゃ）くらべ ③

名まえ

ぶんしょうを　おんどくしてから、かき　うつしましょう。

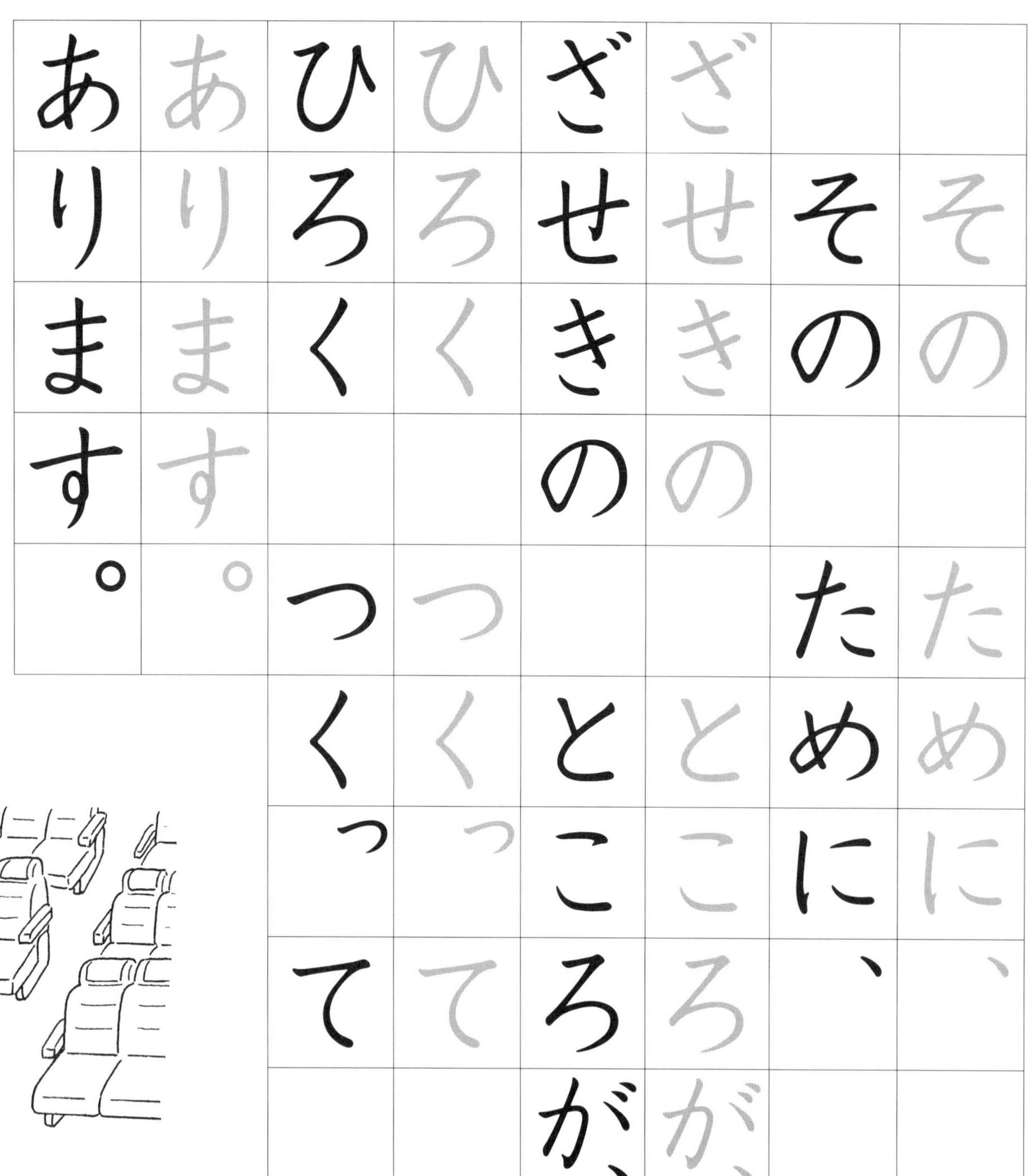

そのために、ざせきのところが、ひろくつくってあります。

★かき　おわったら、もう　いちど、おんどくしましょう。

（令和二年度版　光村図書　こくご　一下　ともだち「じどう車くらべ」による）

じどう車くらべ ④

名まえ

ぶんしょうを　おんどくしてから、かき　うつしましょう。

その
ために、
ざせきの
ところが、
ひろく
つくって
あります。

★かき　おわったら、もう　いちど、おんどくしましょう。

（令和二年度版　光村図書　こくご　一下　ともだち「じどう車くらべ」による）

じどう車くらべ ⑤

名まえ

ぶんしょうを　おんどくしてから、かき　うつしましょう。

そとの　けしきが
そとの　けしきが
よく　見えるように、
よく　見えるように、
大きな　まどが
大きな　まどが
たくさん　あります。
たくさん　あります。

★かき　おわったら、もう　いちど、おんどくしましょう。

（令和二年度版　光村図書　こくご　一下　ともだち「じどう車くらべ」による）

じどう車くらべ ⑥

名まえ

ぶんしょうを　おんどくしてから、かき　うつしましょう。

そとの　けしきが

よく　見えるように、

大きな　まどが

たくさん　あります。

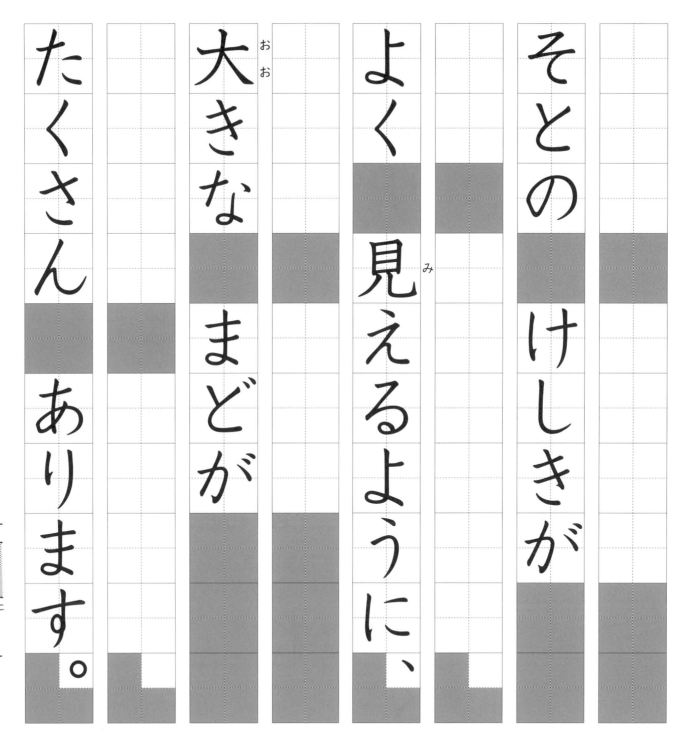

★かき　おわったら、もう　いちど、おんどくしましょう。

（令和二年度版　光村図書　こくご　一下　ともだち「じどう車くらべ」による）

かたつむりの　ゆめ　①

名まえ

しを　おんどくしてから、かき　うつしましょう

かたつむりの　ゆめ

かたつむり　でんきち

あのね　ぼく
あのね　ぼく
ゆめの　なかでは　ね
ゆめの　なかでは　ね
ひかりの　ように　はやく
ひかりの　ように　はやく
はしるんだよ
はしるんだよ

★かき　おわったら、もう　いちど、おんどくしましょう。

（令和二年度版　光村図書　こくご　一下　ともだち「のはらうた」くどう　なおこ）

かたつむりの　ゆめ　②

名まえ

しを　おんどくしてから、かき　うつしましょう。

かたつむりの　ゆめ

かたつむり　でんきち

あのね　ぼく
ゆめの　なかでは　ね
ひかりのように　はやく
はしるんだよ

★かき　おわったら、もう　いちど、おんどくしましょう。

(令和二年度版　光村図書　こくご　一下　ともだち　「のはらうた」　くどう　なおこ)

かたつむりの ゆめ ③

名まえ

しを おんどくして、おぼえましょう。また、しを かきましょう。

かたつむりの ゆめ

かたつむり でんきち

あのね
ぼく
ゆめの
なかでは
ね
ひかりの
ように
はやく
はしるんだよ

2つにおってつかいましょう。

しを あんしょうしましょう。おぼえたら かきましょう。

あ ぼ
ゆ な
ひ よ は
は ね

★かき おわったら、もう いちど、おんどくしましょう。

（令和二年度版 光村図書 こくご 一下 ともだち「のはらうた」くどう なおこ）

はちみつの　ゆめ　①

名まえ

しを　おんどくしてから、かき　うつしましょう。

はちみつの　ゆめ

こぐま　きょうこ

とうみんしてる　とき
わたしは　しんしん
ゆめを　みる

★かき　おわったら、もう　いちど、おんどくしましょう。

（令和二年度版　光村図書　こくご　一下　ともだち「のはらうた」くどう　なおこ）

はちみつの　ゆめ　②

名まえ

しを　おんどくしてから、かき　うつしましょう。

はちみつの　ゆめ

こぐま　きょうこ

とうみんしてる　とき

わたしは　しんしん

ゆめを　みる

★かき　おわったら、もう　いちど、おんどくしましょう。

（令和二年度版　光村図書　こくご　一下　ともだち「のはらうた」くどう　なおこ）

はちみつの　ゆめ　③

名まえ

しを　おんどくしてから、かき　うつしましょう。

はちみついりの　つぼ
だいて
あまい　おかしを
つくる　ゆめ

★かき　おわったら、もう　いちど、おんどくしましょう。

（令和二年度版　光村図書　こくご　一下　ともだち　「のはらうた」　くどう　なおこ）

はちみつの　ゆめ　④

名まえ

しを　おんどくしてから、かき　うつしましょう。

はちみつの
つぼ
はちみつい
りの
だいて
あまい
おかしを
つくる
ゆめ

★かき　おわったら、もう　いちど、おんどくしましょう。

（令和二年度版　光村図書　こくご　一下　ともだち「のはらうた」くどう　なおこ）

はちみつの ゆめ ⑤

名まえ

しを おんどくして、おぼえましょう。また、しを かきましょう。

はちみつの ゆめ

こぐま きょうこ

とうみんしてるとき
わたしは しんしん
ゆめを みる
はちみつ いりの
つぼ だいて
あまい おかしを
つくる ゆめ

★かき おわったら、もう いちど、おんどくしましょう。

（令和二年度版 光村図書 こくご 一下 ともだち 「のはらうた」 くどう なおこ）

はちみつの ゆめ ⑥

名まえ

しを あんしょうしましょう。おぼえたら かきましょう。

はちみつの ゆめ

こぐま きょうこ

と と
わ し
ゆ み
は い
つ だ
あ お
つ ゆ

★かき おわったら、もう いちど、おんどくしましょう。

（令和二年度版 光村図書 こくご 一下 ともだち「のはらうた」くどう なおこ）

みみずの たいそう ①

名まえ

しを おんどくして、おぼえましょう。また、しを かきましょう。

みみずの たいそう

かんざわ としこ

つち の なか から
とびだして
みみず の たいそう
ぴん ぴこ ぴん
もつれて のびて
もつれて のびて
そら げんき よく
ぴん ぴこ ぴん

★かき おわったら、もう いちど、おんどくしましょう。

(令和二年度版 東京書籍 あたらしいこくご 一下 かんざわ としこ)

みみずの　たいそう　②

名まえ

しを　あんしょうしましょう。おぼえたら　かきましょう。

みみずの　たいそう

かんざわ　としこ

つ　な
と
み　た
ぴ　ぴ　ぴ
も　の
も　の
そ　げ
ぴ　ぴ　ぴ

★かき　おわったら、もう　いちど、おんどくしましょう。

（令和二年度版　東京書籍　あたらしいこくご　一下　かんざわ　としこ）

みみずの　たいそう　③

名まえ

しを　おんどくして、おぼえましょう。また、しを　かきましょう。

あさの　くうきを
いっぱい　すって
みみずの　たいそう
ぴん　ぴこ　ぴん
はりきり　はじけて
はねすぎて
ちきゅうの　そとへ
ぴん　ぴこ
ぴいん

★かき　おわったら、もう　いちど、おんどくしましょう。

（令和二年度版　東京書籍　あたらしいこくご　一下　かんざわ　としこ）

みみずの　たいそう　④

名まえ

しを　あんしょうしましょう。おぼえたら　かきましょう。

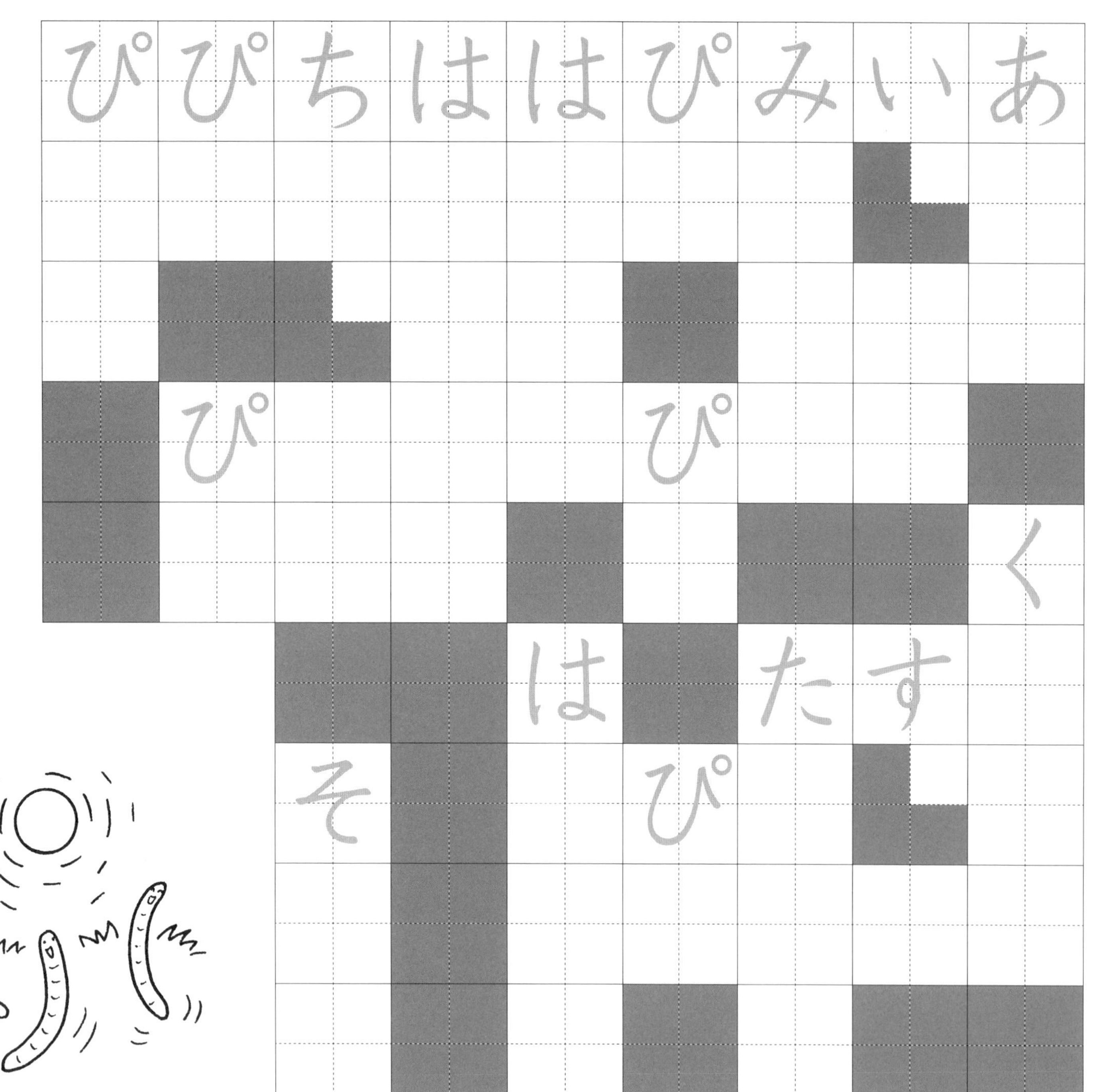

★かき　おわったら、もう　いちど、おんどくしましょう。

（令和二年度版　東京書籍　あたらしいこくご　一下　かんざわ　としこ）

どうぶつの 赤ちゃん ①

名まえ

ぶんしょうを おんどくしてから、かき うつしましょう。

ライオンの 赤ちゃ
ライオンの 赤ちゃ
んは、生まれた とき
んは、生まれた とき
は、子ねこぐらいの
は、子ねこぐらいの
大きさです。
大きさです。
目や 耳は、とじた
目や 耳は、とじた

★かき おわったら、もう いちど、おんどくしましょう。

（令和二年度版 光村図書 こくご 一下 ともだち ますい みつこ）

どうぶつの　赤ちゃん　②

名まえ

ぶんしょうを　おんどくしてから、かき　うつしましょう。

ライオンの　赤ちゃんは、生まれた　ときは、子ねこぐらいの　大きさです。目や　耳は、とじた

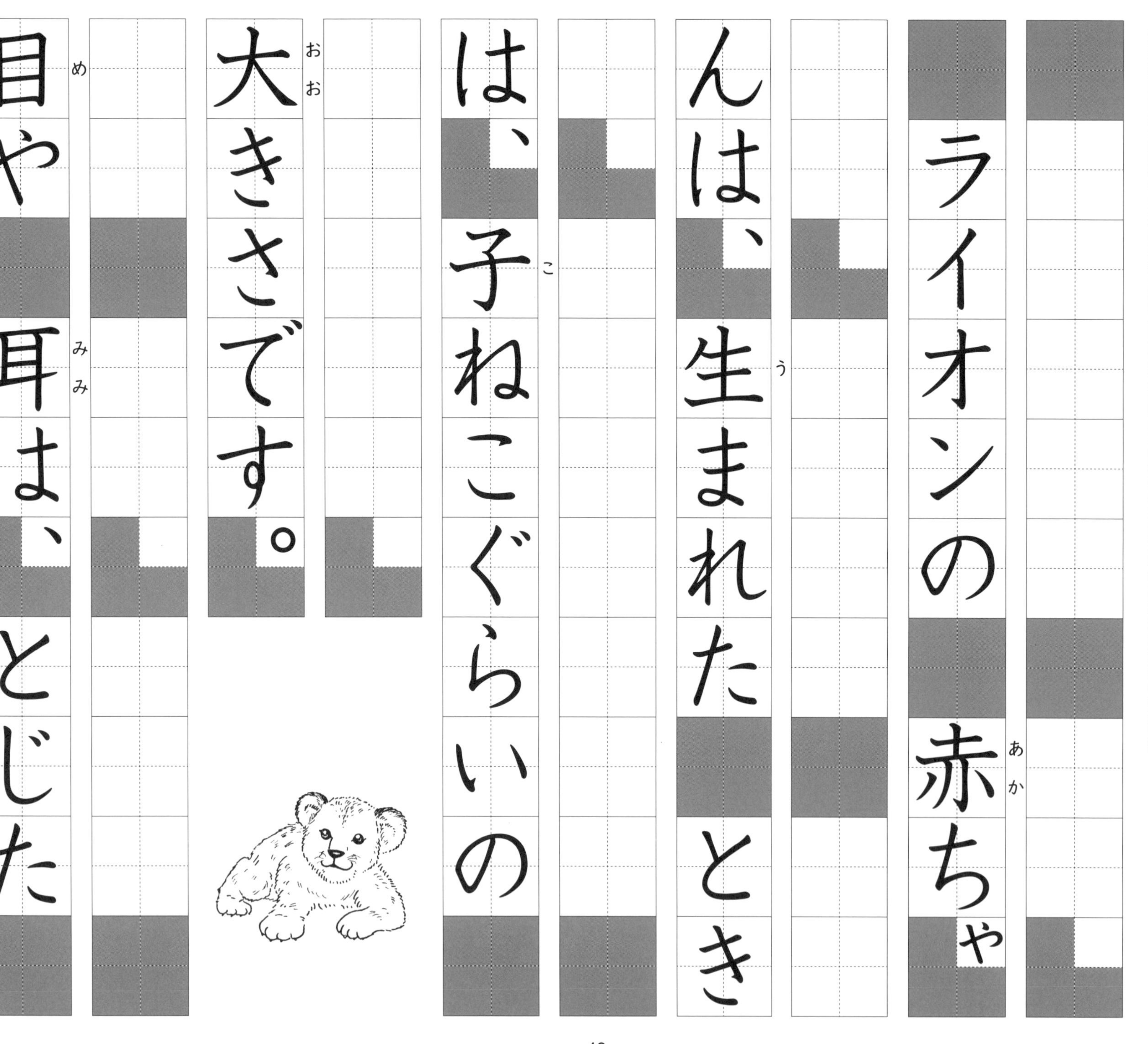

★かき　おわったら、もう　いちど、おんどくしましょう。

（令和二年度版　光村図書　こくご　一下　ともだち　ますい　みつこ）

どうぶつの　赤ちゃん　③

名まえ

ぶんしょうを　おんどくしてから、かき　うつしましょう。

ままです。

ままです。

ライオンは、どうぶつ

ライオンは、どうぶつ

の王さまと　いわれ

の王さまと　いわれ

ます。

ます。

けれども、赤ちゃんは、

けれども、赤ちゃんは、

★かき　おわったら、もう　いちど、おんどくしましょう。

（令和二年度版　光村図書　こくご　一下　ともだち　ますい　みつこ）

どうぶつの 赤ちゃん ④

名まえ

ぶんしょうを おんどくしてから、かき うつしましょう。

ままです。

ライオンは、どうぶつの王さまといわれます。

けれども、赤ちゃんは、

★かき おわったら、もう いちど、おんどくしましょう。

（令和二年度版 光村図書 こくご 一下 ともだち ますい みつこ）

どうぶつの 赤（あか）ちゃん ⑤

名まえ

ぶんしょうを おんどくしてから、かき うつしましょう。

よわよわしくて、
よわよわしくて、
おかあさんに あまり
おかあさんに あまり
にて いません。
にて いません。
ライオンの 赤（あか）ちゃ
ライオンの 赤（あか）ちゃ
んは、じぶんでは
んは、じぶんでは

★かき おわったら、もう いちど、おんどくしましょう。

（令和二年度版 光村図書 こくご 一下 ともだち ますい みつこ）

どうぶつの　赤ちゃん　⑥

名まえ

ぶんしょうを　おんどくしてから、かき　うつしましょう。

よわよわしくて、

おかあさんに　あまり

にて

いません。

ライオンの　赤ちゃ

んは、

じぶんでは

★かき　おわったら、もう　いちど、おんどくしましょう。

（令和二年度版　光村図書　こくご　一下　ともだち　ますい　みつこ）

どうぶつの　赤(あか)ちゃん　⑦

名まえ

ぶんしょうを　おんどくしてから、かき　うつしましょう。

あるく　ことが　でき
あるく　ことが　でき
ません。よそへ　いく
ません。よそへ　いく
ときは、おかあさんに、
ときは、おかあさんに、
口に　くわえて　はこ
口(くち)に　くわえて　はこ
んで　もらうのです。
んで　もらうのです。

★かき　おわったら、もう　いちど、おんどくしましょう。

（令和二年度版　光村図書　こくご　一下　ともだち　ますい　みつこ）

どうぶつの　赤ちゃん　⑧

名まえ

ぶんしょうを　おんどくしてから、かき　うつしましょう。

あるく　ことが　できませんよそへ　いく

ません。

ときは、おかあさんに、

口にくわえて　はこ

んで　もらうのです。

★かき　おわったら、もう　いちど、おんどくしましょう。

（令和二年度版　光村図書　こくご　一下　ともだち　ますい　みつこ）

どうぶつの 赤（あか）ちゃん ⑨

名まえ

ぶんしょうを おんどくしてから、かき うつしましょう。

ライオンの 赤（あか）ちゃ
ライオンの 赤（あか）ちゃ
んは、生（う）まれて 二（に）か
んは、生（う）まれて 二（に）か
月（げつ）ぐらいは、おちちだ
月（げつ）ぐらいは、おちちだ
け のんで いますが、
け のんで いますが、
やがて、おかあさんの
やがて、おかあさんの

★かき おわったら、もう いちど、おんどくしましょう。

（令和二年度版 光村図書 こくご 一下 ともだち ますい みつこ）

どうぶつの 赤(あか)ちゃん ⑩

名まえ

ぶんしょうを おんどくしてから、かき うつしましょう。

ライオンの赤(あか)ちゃ

んは、生(う)まれて二(に)か

月(げつ)ぐらいは、おちちだ

けのんでいますが、

やがて、おかあさんの

★かき おわったら、もう いちど、おんどくしましょう。

（令和二年度版 光村図書 こくご 一下 ともだち ますい みつこ）

どうぶつの 赤(あか)ちゃん ⑪

名まえ

ぶんしょうを おんどくしてから、かき うつしましょう。

とった えものを た
とった えものを た
べはじめます。
べはじめます。
一年(いちねん)ぐらい たつと、
一年ぐらい たつと、
おかあさんや なかま
おかあさんや なかま
がするのを 見(み)て、
がするのを 見て、

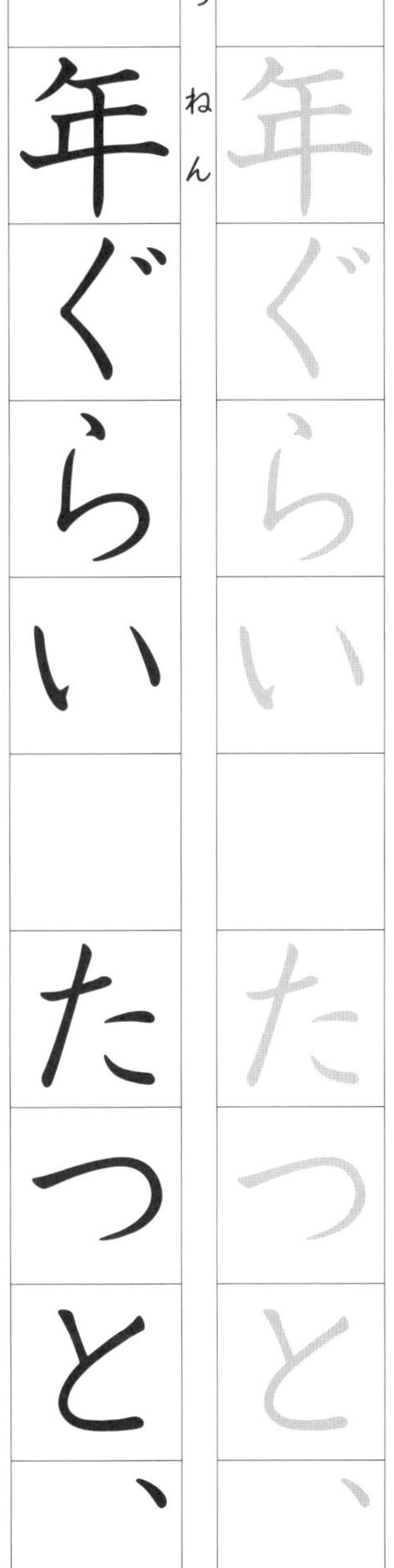

★かき おわったら、もう いちど、おんどくしましょう。

(令和二年度版 光村図書 こくご 一下 ともだち ますい みつこ)

どうぶつの　赤(あか)ちゃん　⑫

名まえ

ぶんしょうを　おんどくしてから、かき　うつしましょう。

とった　えものを　たべはじめます。

一年(いちねん)ぐらい　たつと、おかあさんや　なかまが　するのを　見(み)て、

★かき　おわったら、もう　いちど、おんどくしましょう。

（令和二年度版　光村図書　こくご　一下　ともだち　ますい　みつこ）

どうぶつの 赤(あか)ちゃん ⑬

名まえ

ぶんしょうを おんどくしてから、かき うつしましょう。

えものの とりかたを
えものの とりかたを
おぼえます。
おぼえます。
そして、じぶんで
そして、じぶんで
つかまえて たべるよ
つかまえて たべるよ
うに なります。
うに なります。

★かき おわったら、もう いちど、おんどくしましょう。

（令和二年度版 光村図書 こくご 一下 ともだち ますい みつこ）

どうぶつの　赤ちゃん　⑭

名まえ

ぶんしょうを　おんどくしてから、かき　うつしましょう。

えものの
とりかたを
おぼえます。
そして、じぶんで
つかまえて
たべるよ
うに
なります。

★かき　おわったら、もう　いちど、おんどくしましょう。

（令和二年度版　光村図書　こくご　一下　ともだち　ますい　みつこ）

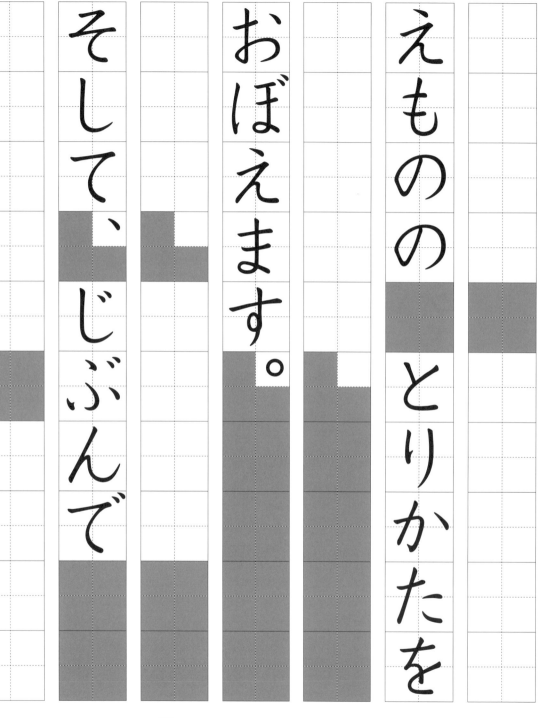

ゆき　①

名まえ

しを　おんどくしてから、かき　うつしましょう。

ゆき

かわさき　ひろし

はつゆき　ふった
はつゆき　ふった
こなゆき　だった
こなゆき　だった
くつの　下で
くつの　下(した)で
きゅっ　きゅと　ないた
きゅっ　きゅと　ないた

★かき　おわったら、もう　いちど、おんどくしましょう。

（令和二年度版　教育出版　ひろがることば　しょうがくこくご　一下　かわさき　ひろし）

ゆき ②

名まえ

しを おんどくしてから、かき うつしましょう。

ゆき

かわさき ひろし

はつゆき ふった

こなゆき だった

くつの 下（した）で

きゅっきゅと ないた

★かき おわったら、もう いちど、おんどくしましょう。

（令和二年度版 教育出版 ひろがることば しょうがくこくご 一下 かわさき ひろし）

ゆき ③

名まえ

しを　おんどくしてから、かき　うつしましょう。

どかゆき　ふった
のしのし　ふって
ずんずん　つもり
ねゆきに　なった

どかゆき　ふった
のしのし　ふって
ずんずん　つもり
ねゆきに　なった

★かき　おわったら、もう　いちど、おんどくしましょう。

（令和二年度版　教育出版　ひろがることば　しょうがくこくご　一下　かわさき　ひろし）

ゆき ④

名まえ

しを おんどくしてから、かき うつしましょう。

どかゆき ふった

のしのし ふって

ずんずん つもり

ねゆきに なった

★かき おわったら、もう いちど、おんどくしましょう。

（令和二年度版 教育出版 ひろがることば しょうがくこくご 一下 かわさき ひろし）

ゆき ⑤

名まえ

しを おんどくしてから、かき うつしましょう。

べたゆき ふって
べたゆき ふって
ぼたゆき ふって
ぼたゆき ふって
ざらめゆきに なって
ざらめゆきに なって
もう すぐ はるだ
もう すぐ はるだ

★かき おわったら、もう いちど、おんどくしましょう。

（令和二年度版 教育出版 ひろがることば しょうがくこくご 一下 かわさき ひろし）

ゆき ⑥

名まえ

しを おんどくしてから、かき うつしましょう。

べたゆき ふって
ぼたゆき ふって
ざらめゆきに なって
もう すぐ はるだ

★かき おわったら、もう いちど、おんどくしましょう。

（令和二年度版 教育出版 ひろがることば しょうがくこくご 一下 かわさき ひろし）

ゆき ⑦

名まえ

しを　おんどくして、おぼえましょう。また、しを　かきましょう。

ゆき

かわさき　ひろし

はつゆき　ふった
こなゆき　だった
くつの　下で
きゅっきゅと　ないた

どかゆき　ふった
のしのし　ふって
ずんずん　つもり
ねゆきに　なった

べたゆき　ふって
ぼたゆき　ふって
ざらめゆきに　なって
もう　すぐ　はるだ

★かき　おわったら、もう　いちど、おんどくしましょう。

（令和二年度版　教育出版　ひろがることば　しょうがくこくご　一下　かわさき　ひろし）

ゆき ⑧

名まえ

しを あんしょうしましょう。おぼえたら かきましょう。

ゆき

かわさき ひろし

は　ふ
こ　だ
く　下
き　な
ど　ふ
の　ふ
ず　つ
ね　な
べ　ふ
ぼ　ふ
ざ　な
も　す　は

★かき おわったら、もう いちど、おんどくしましょう。

（令和二年度版 教育出版 ひろがることば しょうがくこくご 一下 かわさき ひろし）

あめの うた ①

名まえ

しを おんどくして、おぼえましょう。また、しを かきましょう。

あめの うた

つるみ まさお

あめは ひとりじゃ
うたえない、
きっと だれかと
いっしょだよ。
やねと いっしょに
やねの うた
つちと いっしょに
つちの うた
かわと いっしょに
かわの うた
はなと いっしょに
はなの うた。

★かき おわったら、もう いちど、おんどくしましょう。

（令和二年度版 教育出版 ひろがることば しょうがくこくご 一下 つるみ まさお）

あめの うた ②

名まえ

しを あんしょうしましょう。おぼえたら かきましょう。

あめの うた

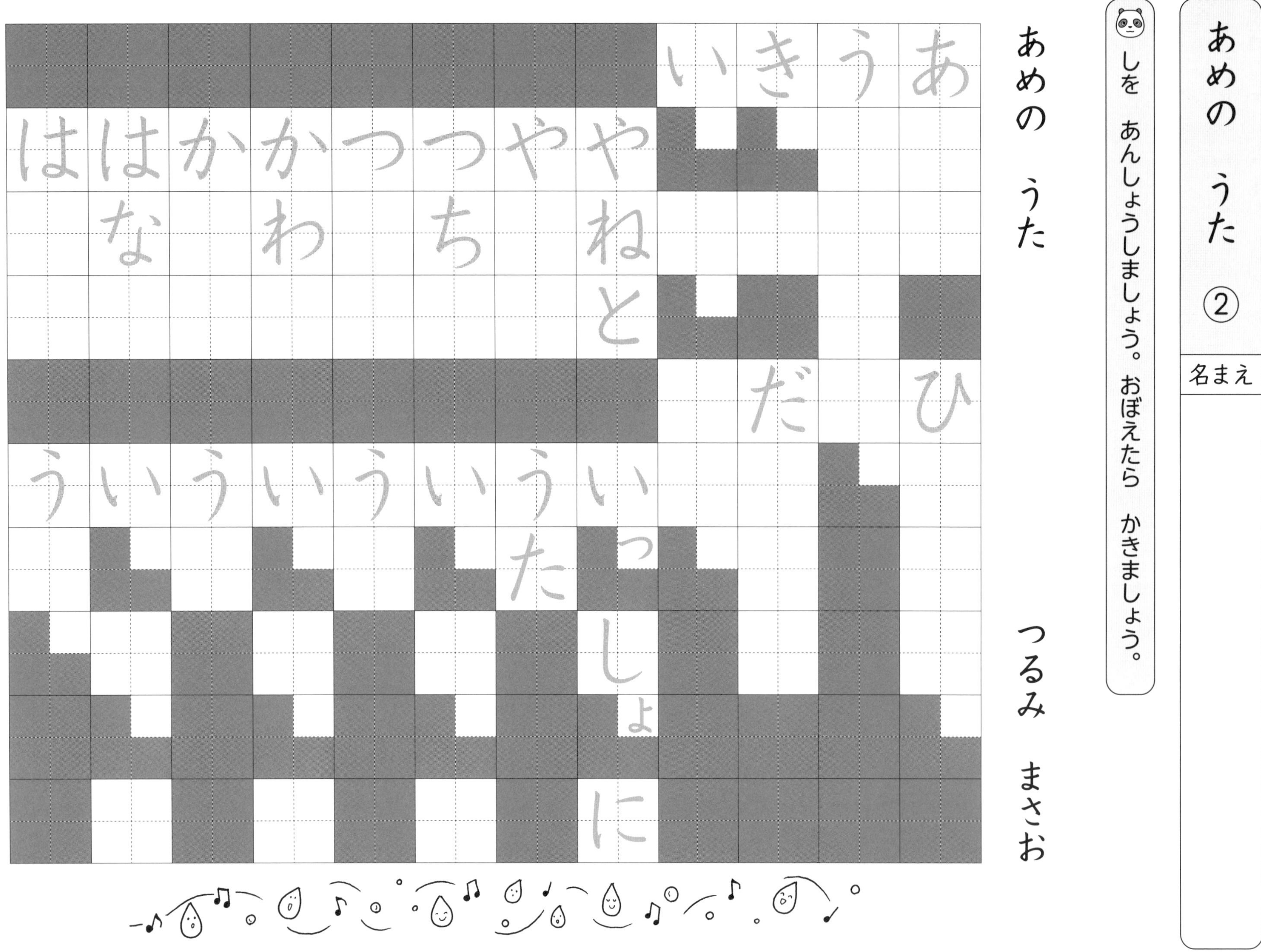

つるみ まさお

★かき おわったら、もう いちど、おんどくしましょう。

（令和二年度版 教育出版 ひろがることば しょうがくこくご 一下 かわさき ひろし）

あめの うた ③

名まえ

しを おんどくして、おぼえましょう。また、しを かきましょう。

あめは だれとも
なかよしで、
どんな うたでも
しってるよ。

やねで とんとん
やねの うた
つちで ぴちぴち
つちの うた
かわで つんつん
かわの うた
はなで しとしと
はなの うた。

★かき おわったら、もう いちど、おんどくしましょう。

（令和二年度版 教育出版 ひろがることば しょうがくこくご 一下 つるみ まさお）

あめの うた ④

名まえ

しを あんしょうしましょう。おぼえたら かきましょう。

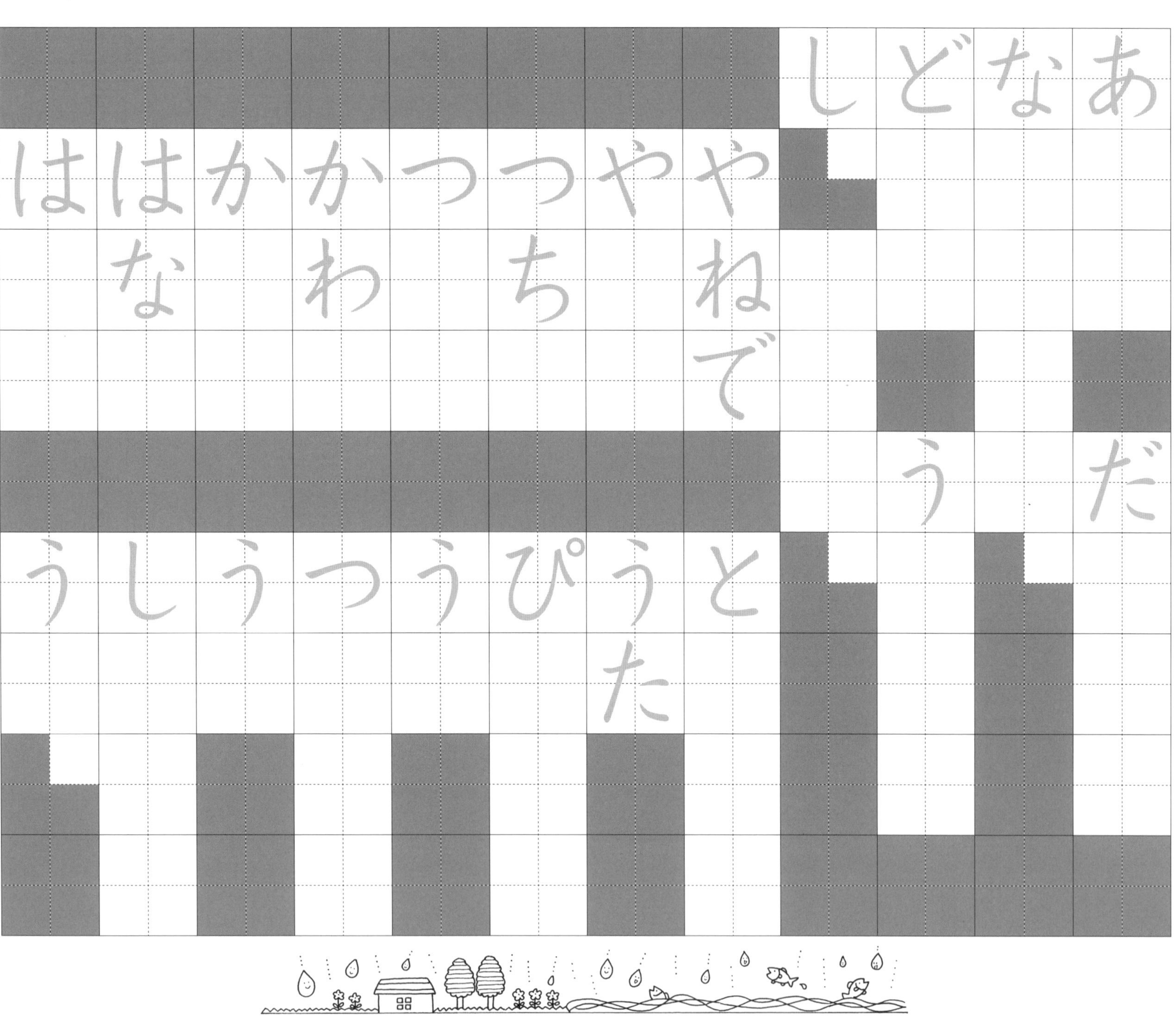

★かき おわったら、もう いちど、おんどくしましょう。

（令和二年度版 教育出版 ひろがることば しょうがくこくご 一下 かわさき ひろし）

おとうとねずみ　チロ　①

名まえ

ぶんしょうを　おんどくして、おぼえましょう。また、ぶんしょうを　かきましょう。

　チロは、そとへ
とび出(だ)して　いきまし
た。
　どんどん　どんどん
はしって　いって、お
かの　上(うえ)まで　のぼり
ました。
　おかの　てっぺんの
木(き)に　立(た)つと、たにを
はさんで、　たかい　山(やま)
が　見(み)えました。

★かき　おわったら、もう　いちど、おんどくしましょう。

（令和二年度版　東京書籍　あたらしいこくご　一下　もりやま　みやこ）

おとうとねずみ　チロ　②

名まえ

ぶんしょうを　おんどくして、おぼえましょう。また、ぶんしょうを　かきましょう。

おばあちゃんの　うちは、あの　山（やま）の　ずっと　むこうが　わに　あります。

「おばあちゃあん……。」

チロは、ひとこえ　よびました。

すると、まあ、どう　したことでしょう。

★かき　おわったら、もう　いちど、おんどくしましょう。

（令和二年度版　東京書籍　あたらしいこくご　一下　もりやま　みやこ）

おとうとねずみ　チロ　③

名まえ

ぶんしょうを　おんどくして、おぼえましょう。また、ぶんしょうを　かきましょう。

「おばあちゃん、
おばあちゃん、
おばあちゃん、
おばあちゃん……」。
チロの　こえは、くり
かえし　ひびきながら、
だんだん　だんだん
とおく　なって　いくで
は　ありませんか。

★かき　おわったら、もう　いちど、おんどくしましょう。

（令和二年度版　東京書籍　あたらしいこくご　一下　もりやま　みやこ）

おとうとねずみ　チロ　④

名まえ

ぶんしょうを　おんどくして、おぼえましょう。また、ぶんしょうを　かきましょう。

「ぼくの　こえが
とんでった。
おばあちゃんちへ
とんでった。」
チロは、うれしがって
とびはねると、
まえよりも　こえを
はり上げて　いいました。
「ぼくは、チロだよう。」

★かき　おわったら、もう　いちど、おんどくしましょう。

（令和二年度版　東京書籍　あたらしいこくご　一下　もりやま　みやこ）

おとうとねずみ　チロ　⑤

名まえ

ぶんしょうを　おんどくして、おぼえましょう。また、ぶんしょうを　かきましょう。

　すると、こんども
チロの　こえは、くり
かえしながら　だんだ
ん　ほそく、　小（ちい）さく
なって　いきました。
　チロは、大（おお）きく　口（くち）
を　あけ、いちばん
だいじな　ことを
いいました。

★かき　おわったら、もう　いちど、おんどくしましょう。

（令和二年度版　東京書籍　あたらしいこくご　一下　もりやま　みやこ）

おとうとねずみ　チロ　⑥

名まえ

ぶんしょうを　おんどくして、おぼえましょう。また、ぶんしょうを　かきましょう。

「ぼくにも　チョッキ、あんでね。」
チロは、
「あんでね。」が
きえて　しまうまで、
じっと　耳（みみ）を　すまし
て　いました。

★かき　おわったら、もう　いちど、おんどくしましょう。

（令和二年度版　東京書籍　あたらしいこくご　一下　もりやま　みやこ）

文(ぶん)の　きまり　①　まる（。）

名まえ

● 文(ぶん)の　さいごには　まる（。）を　つけます。
つぎの　文(ぶん)に　まる（。）を　つけて、二(ふた)つの　文(ぶん)に　しましょう。
できた　文(ぶん)を　かきましょう。

① 空(そら)は、青(あお)い
くもは、しろい

空は、青い。
くもは、しろい。

② ぼくは、ともだちとあそびました
おにごっこをしました

ぼ、
お

文の　きまり　②　てん（、）まる（。）

名まえ

● つぎの　文に　てん（、）と　まる（。）を　つけて　かきましょう。

① わたしは　がっこうへいく

わたしは、がっこうへいく。

② おかあさんは　そうじをする

③ あかいはなが　さいた

④ 大きないぬが　ほえた

てん（、）や　まる（。）は、
——は、　どうする。
——が、　どうする。　の　ような　文の　ときに
わかりやすく　する　ために　つかうよ。

文の きまり ③ てん（、）まる（。）

名まえ

● つぎの 文に てん（、）と まる（。）を つけて かきましょう。

① かぜをひいて くすりをのんだ

かぜをひいて、くすりをのんだ。

② 手をあらって おやつをたべる

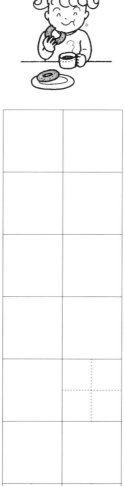

③ 先生 ありがとうございます

先生、ありがとう

④ わあ おいしそうなケーキだ

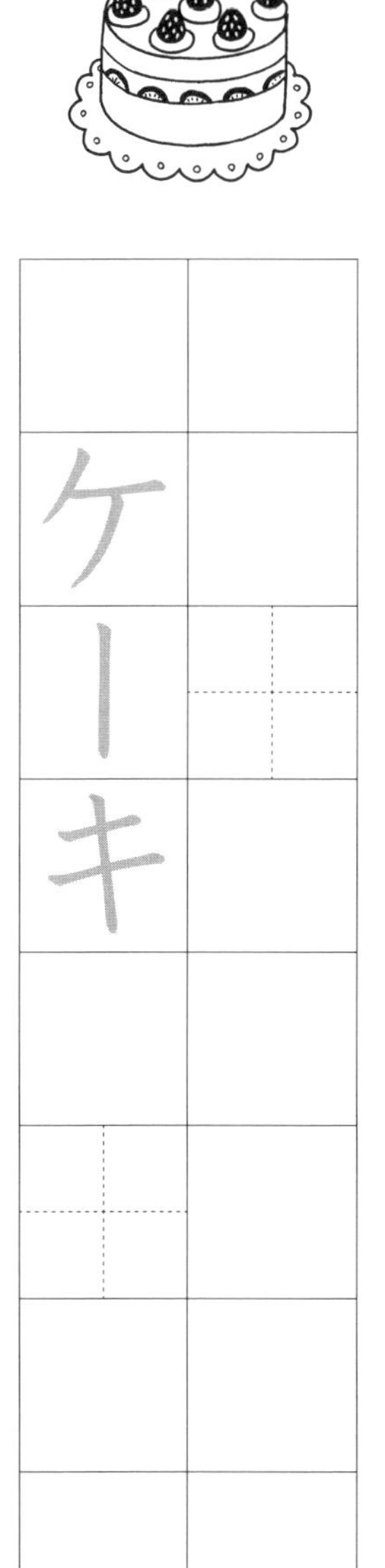

はなしことば ① かぎ（「」）

名まえ

● はなした ことばは、かぎ（「」）を つかって かきます。

(1) つぎの 文を なぞりましょう。

「さようなら。」と、手をふりました。

「では、かえろう。」と、くじらはいいました。

(2) つぎの 文に かぎ（「」） てん（、） まる（。）を つけて かきましょう。

①
ただいま
と ぼくは いいました

②
みんなは
おうい
と よびました

はなしことば ② かぎ（「」）

名まえ

● 「」を つかって 文(ぶん)を かきましょう。

① つぎの 文(ぶん)を なぞりましょう。

「ひろって くれて ありがとう。」と、おれいを いいました。

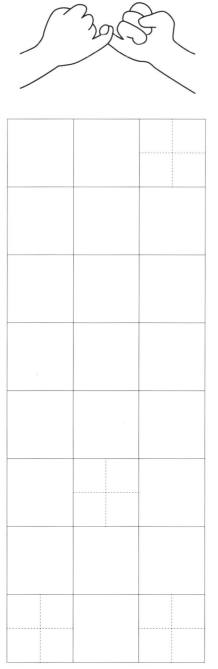

② つぎの 文(ぶん)に かぎ（「」）と てん（、）と まる（。）を つけて かきましょう。

またあおうね ぼくたちは やくそくをしました

えを 見て 文を つくろう ①

名まえ

● 見つけた ことを 文しように かきましょう。
［　］に あてはまる ことばを えから 見つけて かきましょう。

・いろ
・かたち
・さわった かんじ
・うごき

たまのけは、くろとちゃいろとしろです。
さわると、［ふ　　］しています。
めは、［つ　　］です。
はなのまわりには、［ほ　　］がはえています。
［ま　　］なってねます。

えを 見(み)て 文(ぶん)を つくろう ②

名まえ

● 見(み)つけた ことを 文(ぶん)しょうに かきましょう。

［　］に あてはまる ことばを えから 見(み)つけて かきましょう。

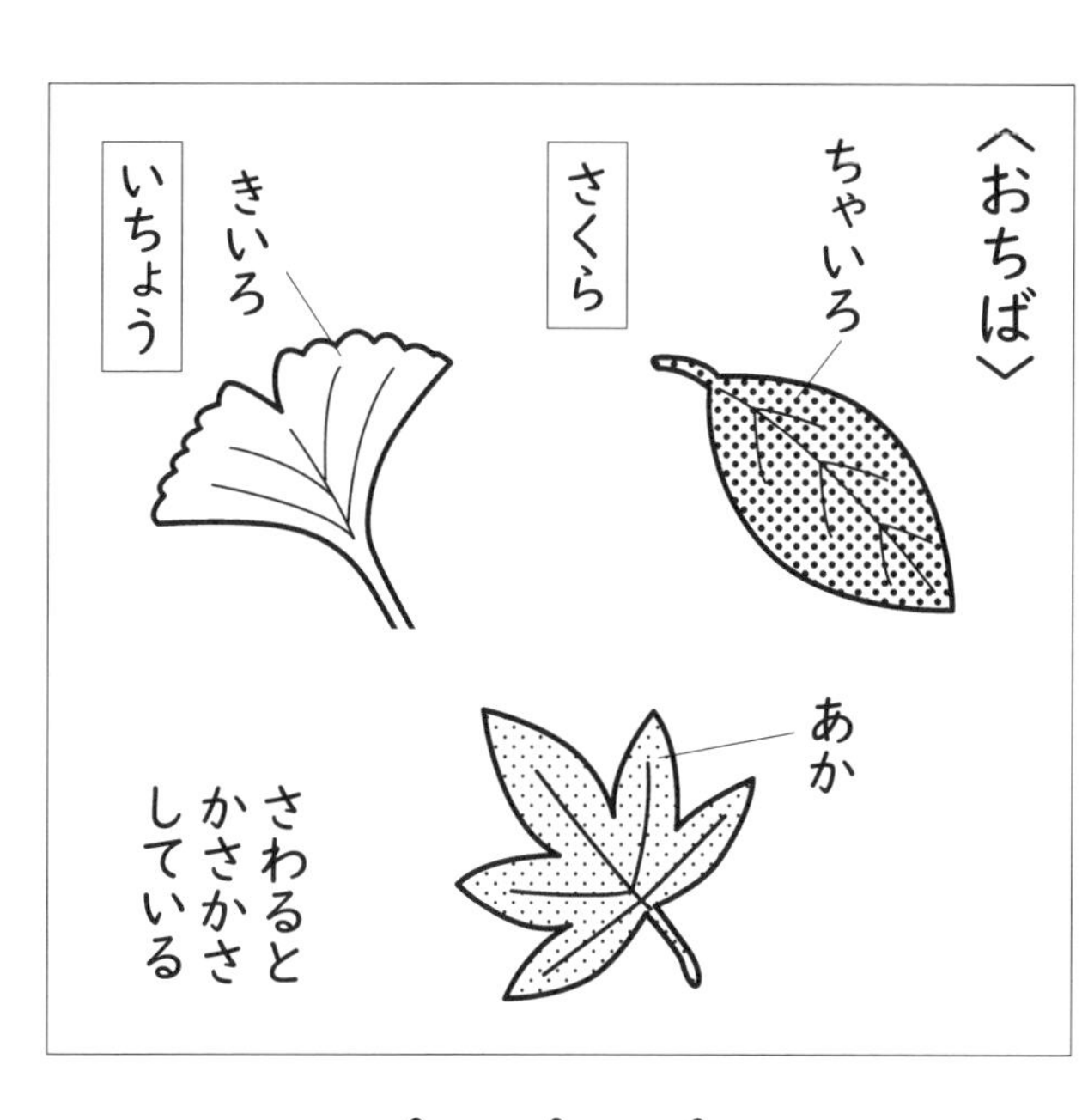

・いろ
・しゅるい
・さわった かんじ

こうえんへ いって、［　　］
［　　］を みつけました。
［さ　］の はは、［　　］
でした。
［い　］の はは、［　　］
でした。
さわると、［　　］して
いました。

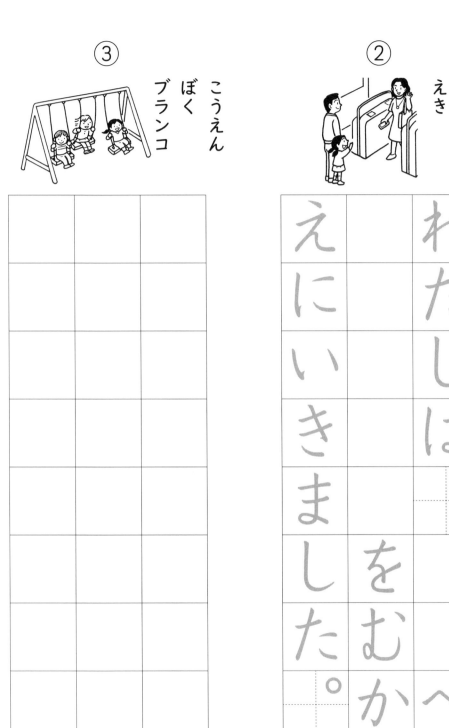

えを 見(み)て 文(ぶん)を つくろう ③

名まえ

● えを 見(み)て 文(ぶん)を つくりましょう。
「は」「を」「へ」を つかいましょう。

①
がっこう
ぼうし

わたしは、ぼうしをかぶってがっこうへいきます。

②
おかあさん
えき

わたしは、へをむかえにいきました。

③
こうえん
ぼく
ブランコ

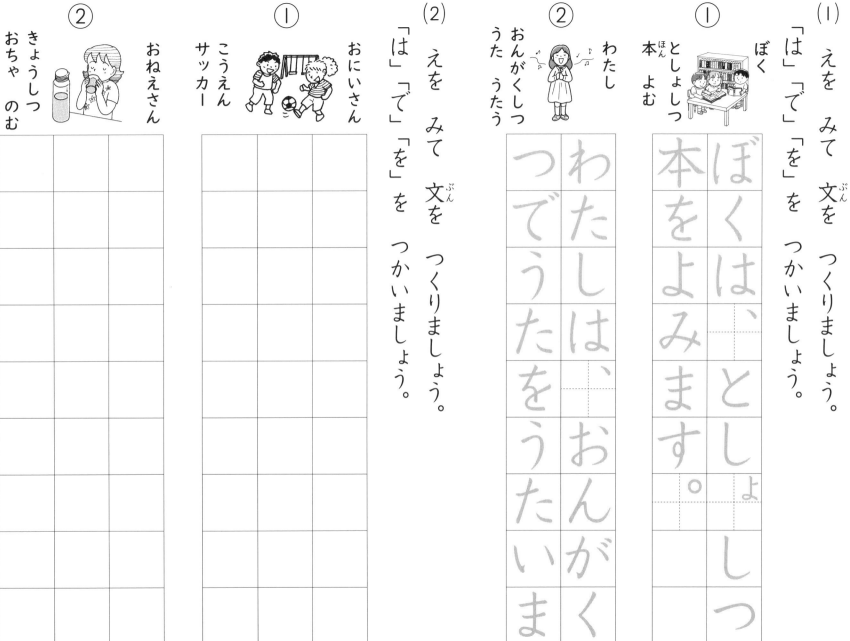

えを 見(み)て 文(ぶん)を つくろう ④

名まえ

(1) えを みて 文(ぶん)を つくりましょう。「は」「で」「を」を つかいましょう。

① ぼく　としょしつ　本(ほん)　よむ

ぼくは、としょしつで本をよみます。

② わたし　おんがくしつ　うた　うたう

わたしは、おんがくしつでうたをうたいます。

(2) えを みて 文(ぶん)を つくりましょう。「は」「で」「を」を つかいましょう。

① おにいさん　こうえん　サッカー

② おねえさん　きょうしつ　おちゃ　のむ

まちがいを なおして 文(ぶん)づくり ①

名まえ

● えに あう ことばは どれでしょう。{ }の もじの ただしい ほうを ○で かこみましょう。ただしい 文(ぶん)を かきましょう。

① ぼく {は / わ}、くつ {お / を} {は / わ} きます。

かきましょう。

ぼくは、くつを はきます。

② わたし {は / わ} たち {は / わ}、お {う / お} きな みせ {え / へ} かいものに いきます。

かきましょう。

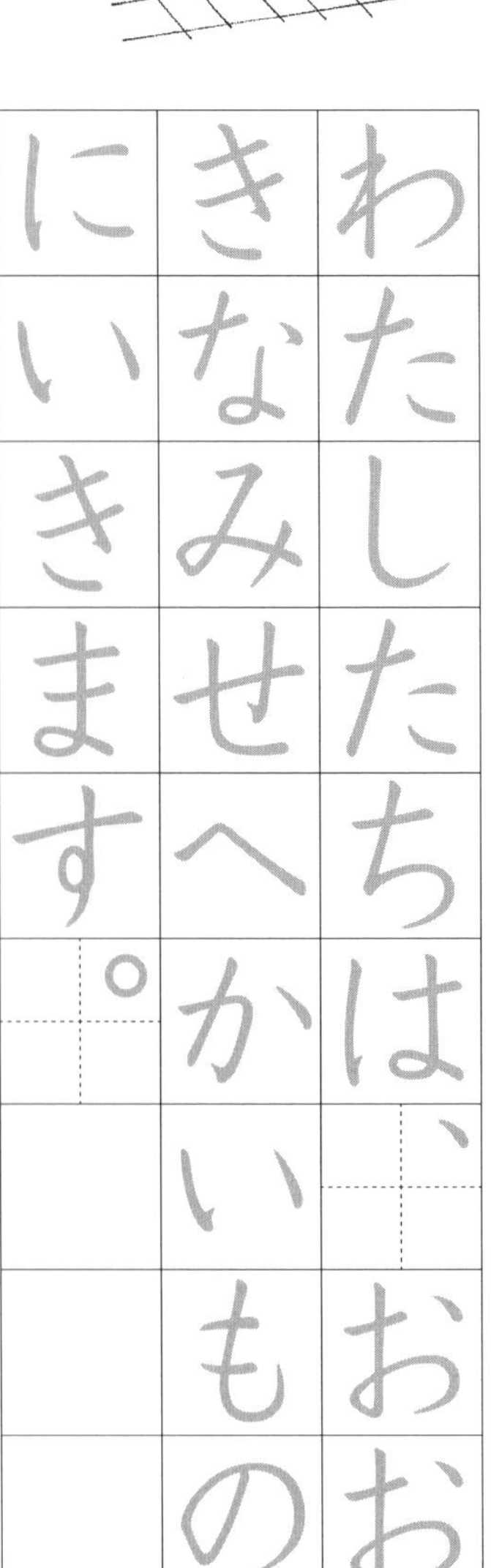

わたしたちは、おおきなみせへかいものにいきます。

まちがいを なおして
文(ぶん)づくり ②

名まえ

● つぎの 文(ぶん)の 字(じ)の つかいかたで、まちがって いる ところに ——せんを ひいて、ただしく かきましょう。
（まちがいを 二(ふた)つずつ さがしてみよう。）

〔れい〕

① きのお、ほんお かりに、としょかんえ いきました。

う

② わたしわ、おもしろそうな ほんお 見(み)つけました。きれいな えほんも ありました。

③ 二(に)さつ かりて、うちえ かへり ました。

かん字(じ)を つかった 文(ぶん)づくり ①

名まえ

● つぎの □の えや しるしを かん字(じ)に なおして 文(ぶん)を かきましょう。

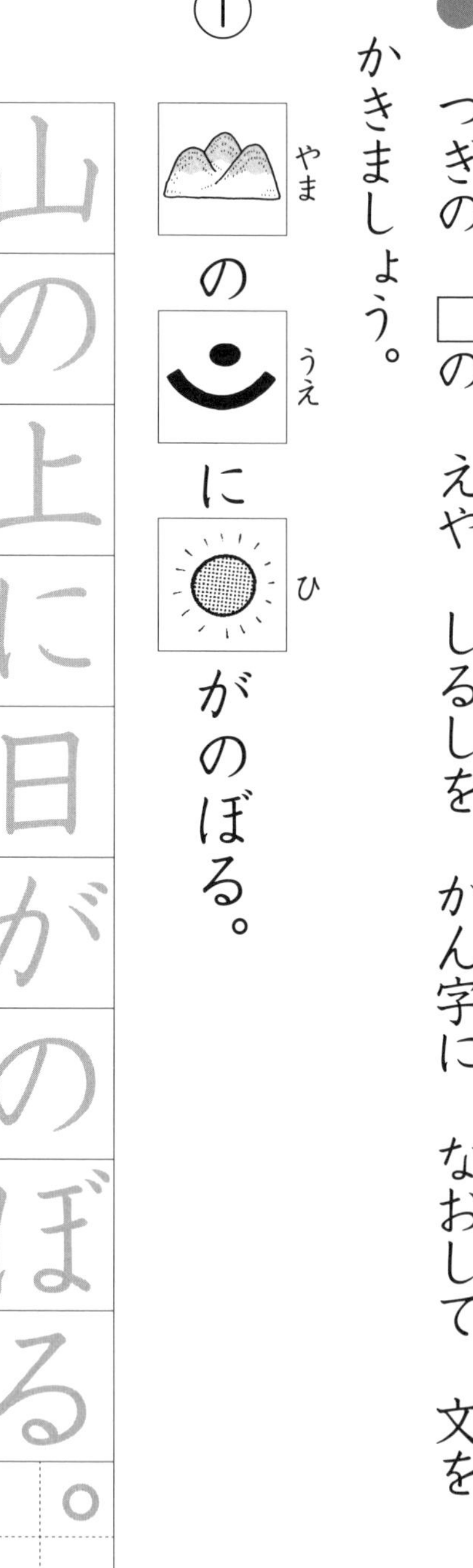

① [やま]の[うえ]に[ひ]がのぼる。

山の上に日がのぼる。

② [やま]に[かわ]がながれる。

山に川がながれる。

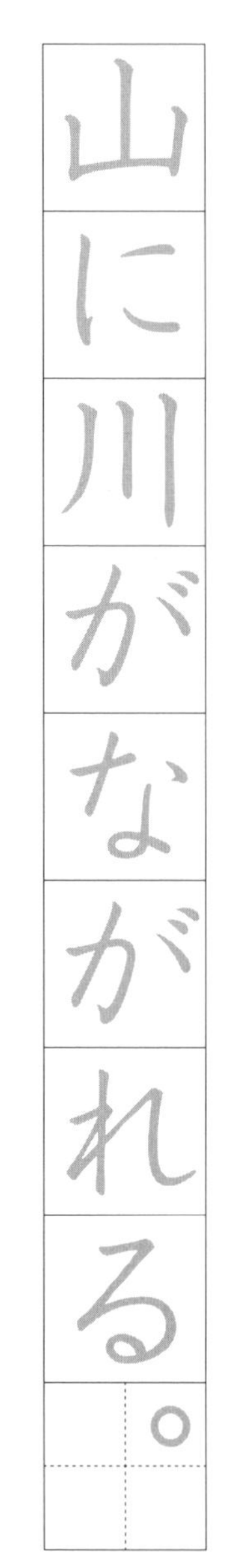

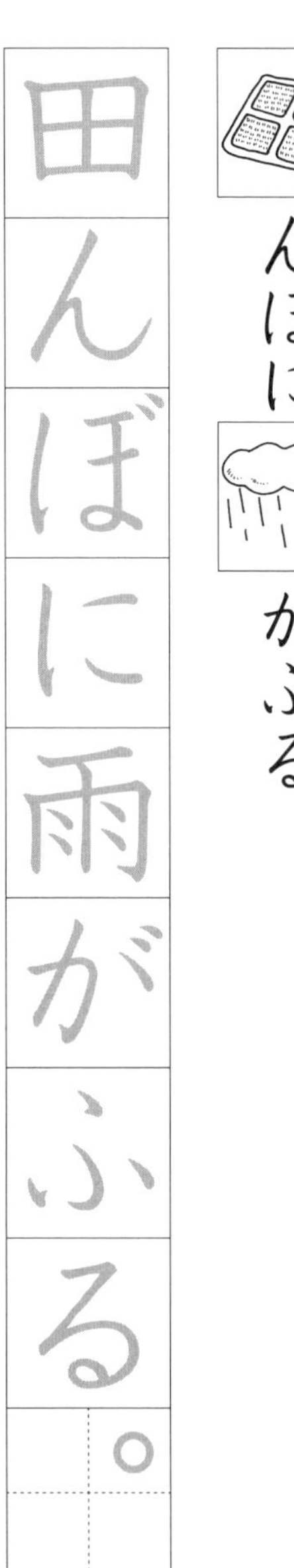

③ [た]んぼに[あめ]がふる。

田んぼに雨がふる。

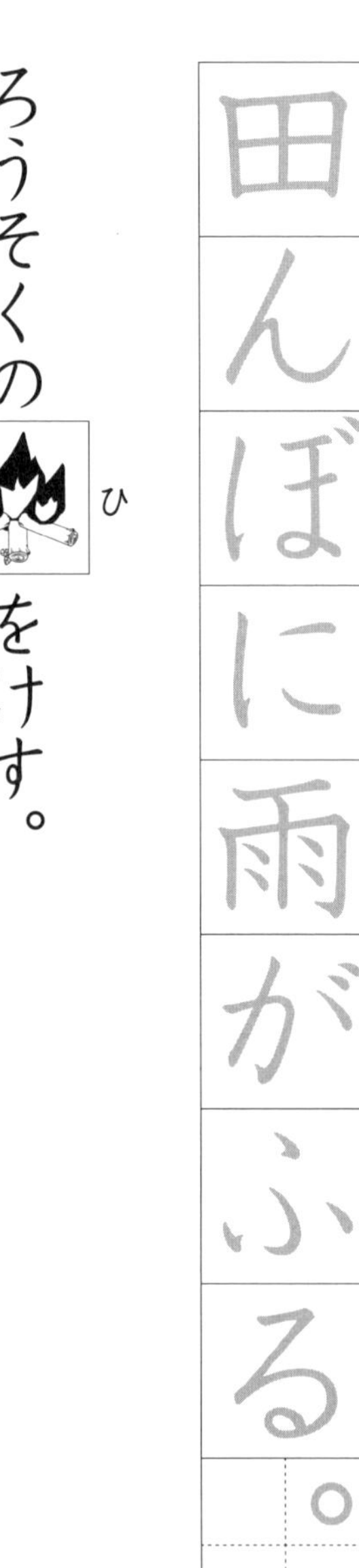

④ ろうそくの[ひ]をけす。

ろうそくの火をけす。

かん字(じ)の なりたち

山(やま)

上(うえ)

下(した)

雨(あめ)

日(ひ)

川(かわ)

田(た)

火(ひ)

かん字を つかった 文づくり ②

名まえ

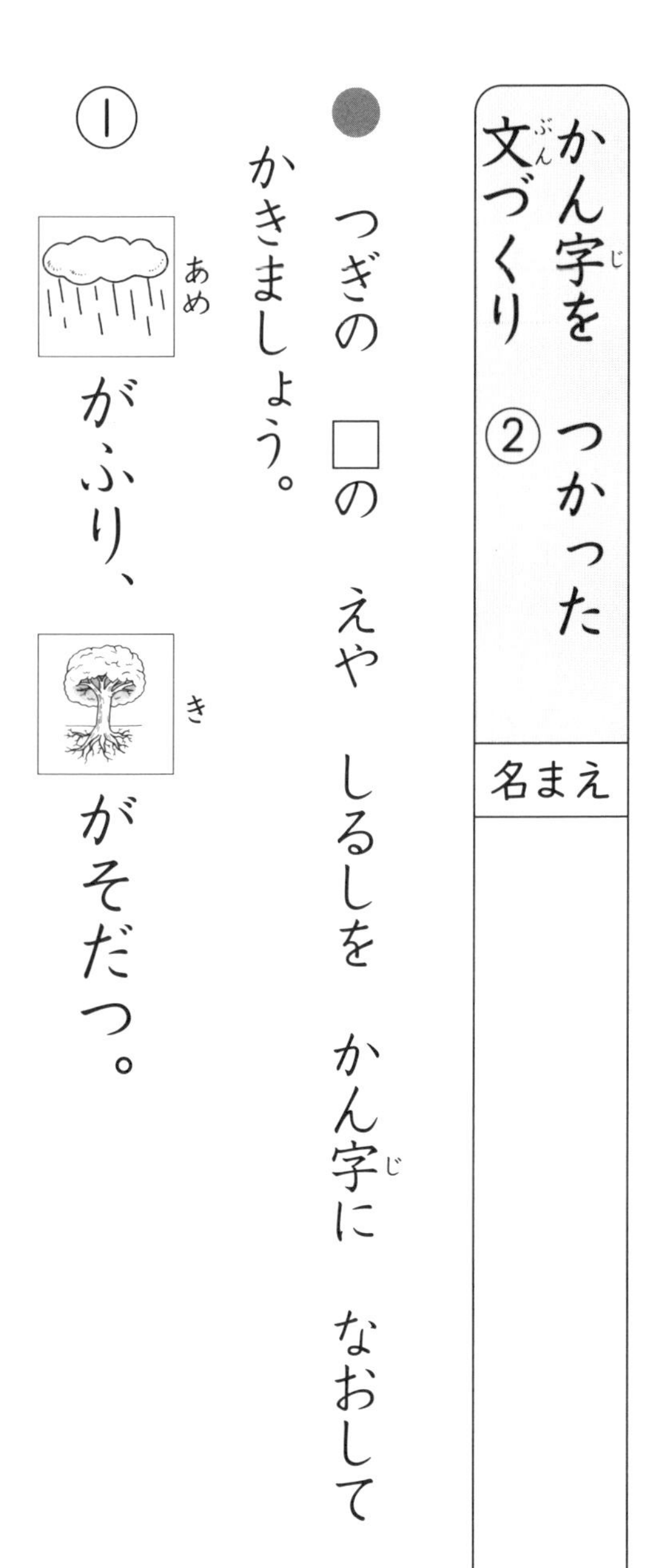

● つぎの □の えや しるしを かん字に なおして 文を かきましょう。

① （あめ）が ふり、（き）が そだつ。

雨がふり、木がそだつ。

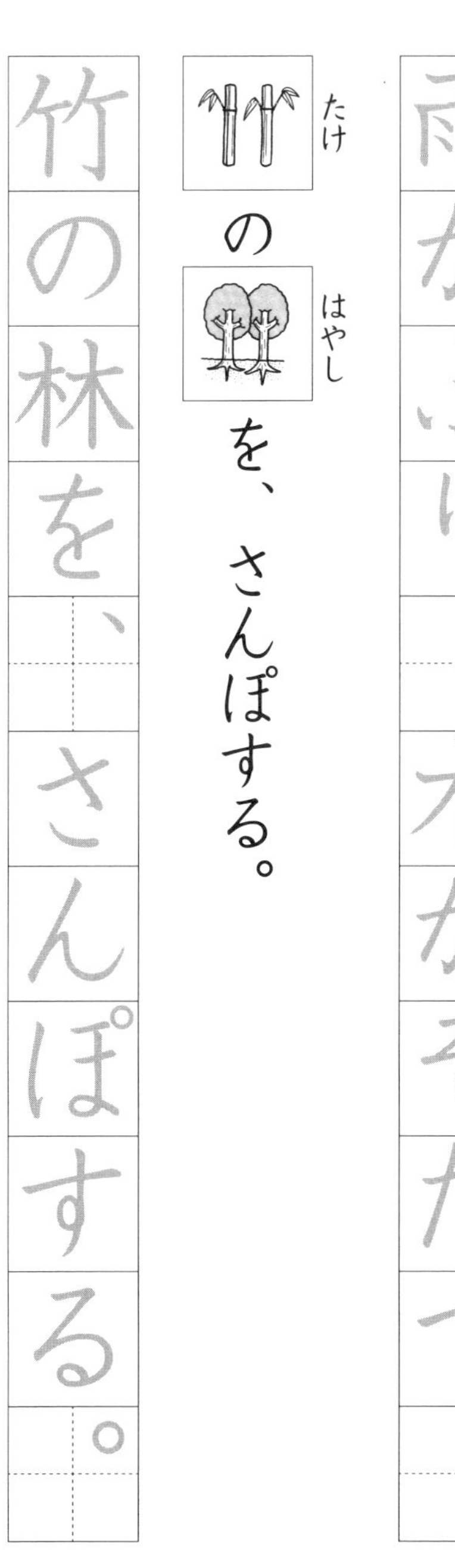

② （たけ）の （はやし）を、さんぽする。

竹の林を、さんぽする。

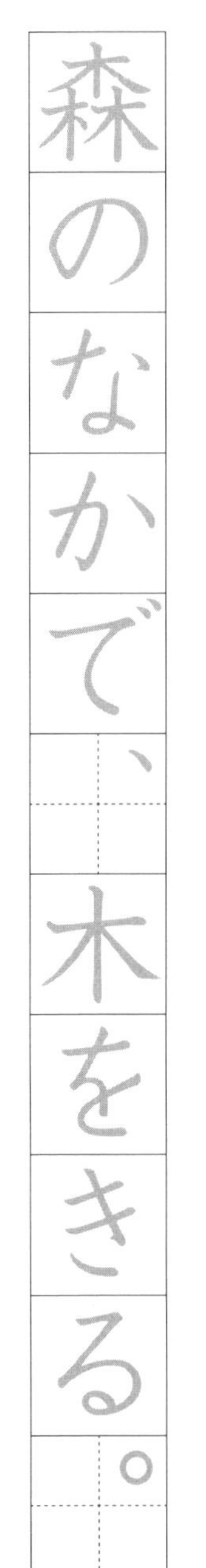

③ （もり）の なかで、（き）を きる。

森のなかで、木をきる。

④ （ひ）が しずみ、（つき）が でる。

日がしずみ、月がでる。

かん字の なりたち

月（つき）　森（もり）　竹（たけ）　木（き）　林（はやし）　雨（あめ）　日（ひ）

かん字を つかった 文づくり ③

名まえ

● ――せんの かん字の よみかたを（ ）に かきましょう。
かん字の よみかたに 気を つけて、文を かきうつしましょう。

(1)

① きょうは、十月三日で日よう日です。（ ）（ ）（ ）

きょうは、十で

② お日さまがまぶしい。（ ）

③ 本日は、やすみです。（ ）

(2)

① どうろは、左右を見てわたります。（ ）

② 左手をつかいます。（ ）

かん字を つかった 文づくり ④

名まえ

● ＝せんの かん字の よみかたを （ ）に かきましょう。かん字の よみかたに 気を つけて、文を かきうつしましょう。

(1)

① せんせいが うえた木が、（ ）そだつ。

せんせいが、

② きょうは、木よう日（ ）だ。

(2)

① ありは、（ ）小さいむしだ。

② らいねん、ぼくは小（ ）がくせいになる。

せつめいする　文(ぶん)を　つくろう①

名まえ

● □に　あてはまる　ことばを　[　]から　見(み)つけて　かき、文(ぶん)を　つくりましょう。

①
□□や　じょうよう車(しゃ)は、
人(ひと)を　のせて
□□□
しごとを　して　います。

はこぶ　バス

じょうよう車(しゃ)　バス

②
□□□□□、
□□□の　ところは、
□□□
なって　います。
そとの　けしきが　よく　見(み)える　ように、
大(おお)きな
□□も　あります。

まど　ざせき　ひろく　そのために

バスの　ざせき

せつめいする　文を　つくろう　②

名まえ

① □に　あてはまる　ことばを　□から　見つけて　かき、文を　つくりましょう。

□□□□□は、□□□を　はこぶしごとを　します。□□□□□、うんてんせきの　うしろは、ひろい　□□□が　あります。

にだい　トラック　にもつ　そのために

② ①の　文を　かきうつしましょう。

トラックは、にもつを　はこぶしごとを　します。そのために、うんてんせきの　うしろは、ひろい　にだいが　あります。

かたかなを　つかった
文(ぶん)づくり　①

名まえ

● えを　見(み)て　文(ぶん)を　つくりましょう。のばすおんや　小(ちい)さく
かく　かたかなに　気(き)を　つけて、かきましょう。

① ころっけ　そうす

コロッケにソース
をかけました。

② くりすます　けえき

クリスマスにケー
キをたべました。

③ どーなつ

おやつに
を

④ じゃむ　ぱん

あさごはんに

どーなつ→ドーナツ
ぱん→パン
じゃむ→ジャム

かたかなを　つかった　文(ぶん)づくり　②

名まえ

● えを　見(み)て　文(ぶん)を　つくりましょう。かたかなを　つかって　かきましょう。

①

じゃんぐるじむ

ぼくは、こうえんへ　いって［　　　］で　あそびました。

②

さっかあ　おにいさん

ぼくは、［　　　］と［　　　］のれんしゅうをしました。

③

わたし　すきい

④

いもうと　ぜりい　すぷうん

じゃんぐるじむ→ジ[ャ]ングルジム　　すきい→スキー

さっかあ→サ[ッ]カー　　ぜりい→ゼリー　　すぷうん→スプーン

ともだちのこと、しらせよう ①

名まえ

● ともだちに　きいた　ことを　文（ぶん）しょうに　かきましょう。

わたし　すきなたべものは、なんですか。

ひなた　いちごがすきです。

わたし　どうして、いちごがすきなんですか。

ひなた　あまくて、おいしいからです。
あかくて、かわいいところもすきです。

ひなたさんといちご

さとうあかり

ひなたさんのすきなたべ
ものは、いちごです。
あまくて、おいしいから
すきなんだそうです。
あかくて、かわいいとこ
ろもすきだそうです。

ともだちのこと、しらせよう ②

名まえ

● ともだちに　きいた　ことを　文（ぶん）しょうに　かきましょう。

ぼく　いま、いちばんたのしいことは、なんですか。

りく　サッカーをすることです。

ぼく　どこで、れんしゅうしていますか。

りく　ちかくのグラウンドです。

ぼく　だれとれんしゅうをしていますか。

りく　にいさんやともだちです。

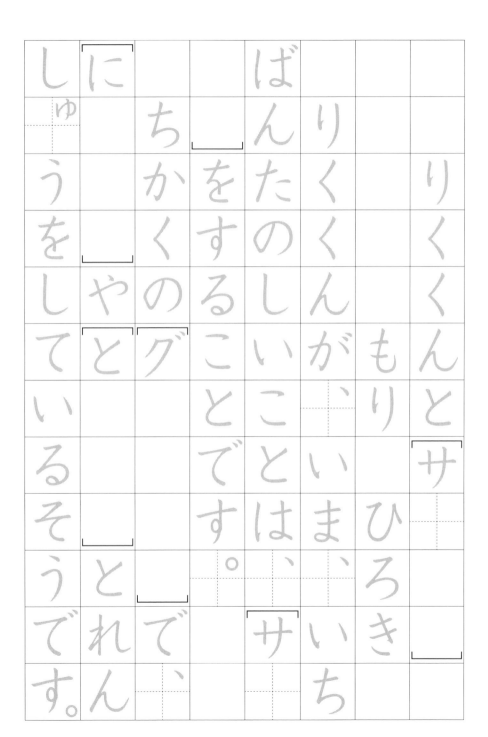

りくくんと［サ　　］
もり　ひろき
りくくんが、いま、いち
ばんたのしいことは、［サ
　］をすることです。
ちかくの［グ　　］で、
［に　　］や［と　　］とれん
しゅうをしているそうです。

ものの 名まえを つかった 文づくり ①

名まえ

(1) えを 見て 文を つくりましょう。まとめて よぶ ことばを □ から えらんで 「 」に かきましょう。

①

ちょう　とんぼ　かぶとむし

とんぼ、ちょう、かぶとむしは、どれも 「　　」です。

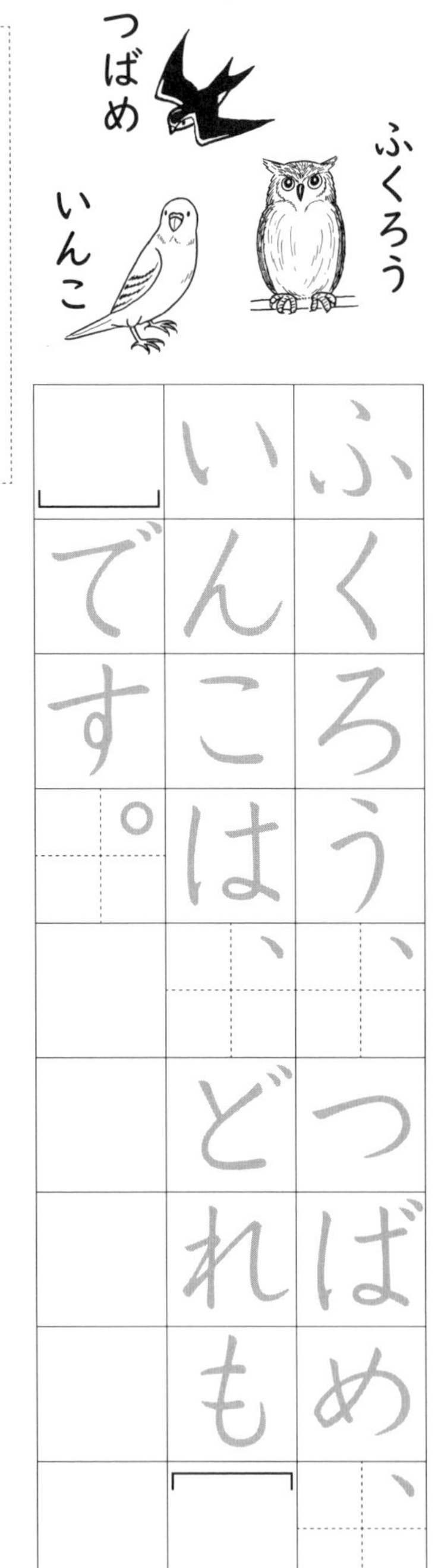

②

つばめ　ふくろう　いんこ

ふくろう、つばめ、いんこは、どれも 「　　」です。

とり　むし

(2) えを 見て 文を つくりましょう。ものの 名まえと まとめて よぶ ことばを つかいましょう。

のりもの　たべもの

ものの 名まえを つかった 文づくり ②

名まえ

(1) えを 見て 文を つくりましょう。まとめて よぶ ことばを □ から えらんで 「 」に かきましょう。

①

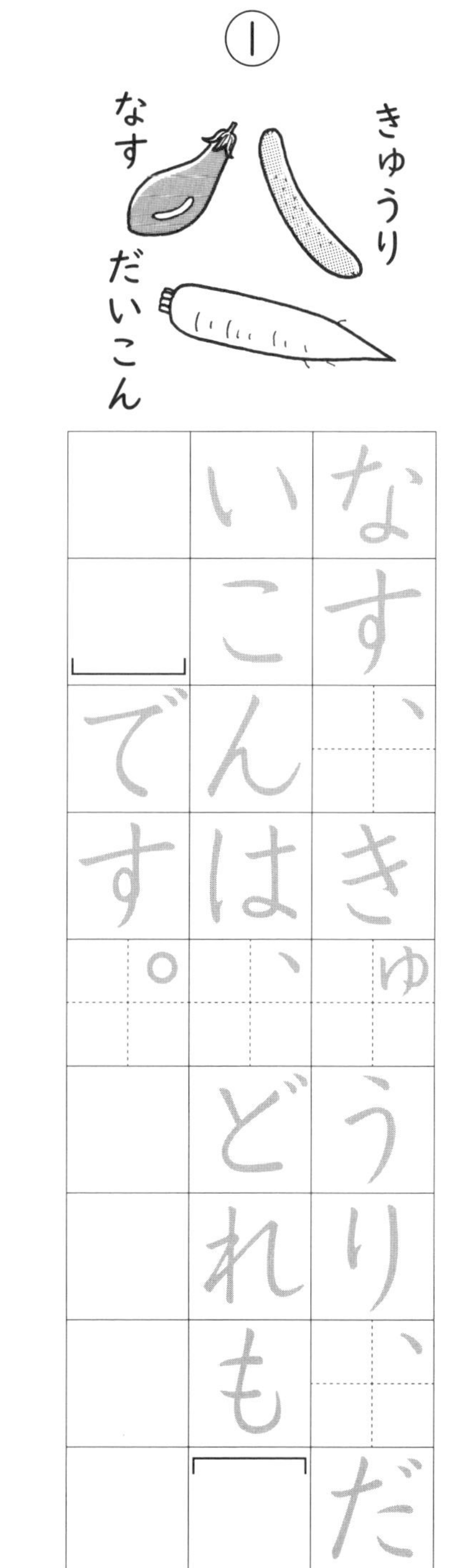

なす、きゅうり、だいこんは、どれも「　」です。

②

ピアノ　もっきん　たいこ

ピアノ、たいこ、もっきんは、どれも「　」です。

やさい　がっき

(2) えを 見て 文を つくりましょう。ものの 名まえと まとめて よぶ ことばを つかいましょう。

せんべい　クッキー　チョコレート

てがみを　かこう ①

名まえ

● □の　中の　てがみの　文を、かきうつしましょう。

けんたくんへ
つぎの日よう日に、こどもかいでこまをつくります。いっしょにいきませんか。
ゆうきより

なぞりましょう。

けんたくんへ
つぎの日よう日に、こどもかいでこまをつくります。いっしょにいきませんか。
ゆうきより

かきましょう。

つ

てがみを　かこう　②

名まえ

●　□の　中の　てがみの　文を、かきうつしましょう。

ゆりおばさんへ
かきが、とどきました。さっそくたべたら、
とてもあまくておいしかったよ。
ありがとうございました。
ともき

なぞりましょう。

ゆりおばさんへ
かきが、とどきました。
さっそくたべたら、とても
あまくておいしかったよ。
ありがとうございました。
ともき

かきましょう。

あ　か

きいた ことを 文(ぶん)に しよう ①

名まえ

● ともだちに、しりたい ことを きいて、文(ぶん)を つくりましょう。

わたし どんなおはなしがすきですか。

まゆ わたしがすきなおはなしは、「三(さん)びきのこぶた」です。三(さん)びきのこぶたがちがういえをたてるところが、おもしろいです。

わたし ほかに、だれが出(で)てきますか。

まゆ わるいおおかみが出(で)てきます。おおかみは、こぶたをたべようとします。

［　］に ことばを いれて、かきましょう。

まゆさんがすきなおはなしは、「［　　］」です。三びきのこぶたがちがう［　　］をたてるところが、おもしろいそうです。わるい［　　］が出てきて、こぶたをたべようとするそうです。

きいた ことを 文に しよう ②

名まえ

● つぎの ことを 文しょうに かきましょう。

ぼく
すきなきょうかはなんですか。
二つおしえてください。

ゆうか
一つ目は、おんがくです。
うたをうたうことがすきだからです。
二つ目は、ずこうです。
えをかくことがたのしいからです。

● つづけて 文をつくって、かきましょう。

ゆうかさんがすきなきょうかを、二つききました。
一つ目は、
うたを
二つ目は、
えを

文(ぶん)を　つくろう　①-(1)
ことばあそび

名まえ

● ことばを　見(み)つけよう。

(1) [　] に　いきものの　なまえを　かいて、文(ぶん)を　つくりましょう。

① すいかの中(なか)には、[　][　]がいる。

② れいぞうこの中(なか)には、[　][　]がいる。

③ ぼうしの[　][　]。

(2) [　] に　あてはまる　ことばを　かいて、文(ぶん)を　つくりましょう。

① プリントの中(なか)には、[　][　][　]がある。

② ふくろの[　][　]。

文をつくろう ①-(2)
ことばあそび

名まえ

① さかさまに よんでも

● つぎの ことばは 上から よんでも 下から よんでも おなじ ことばに なります。

なぞりましょう。

しんぶんし

つづけて かきましょう。

かんけいな

このこども

上からも下からも よんでみてね。

② わたしは だあれ

● 文を 見て ○に あてはまる 字を 見つけましょう。できた ことばを □に かきましょう。

○なの みつが ごちそうよ
○ょうちょさんとは おともだち

わたしは □□ です。

○いしいね
かってもらうと
○あわせよ

わたしは □□□ です。

わたしのなまえでも つくってみよう。

にて いる かん字を つかった 文づくり ①

名まえ

● かん字の かたちに 気を つけて、かきましょう。

大＝犬・

なぞって かきましょう。

大きな犬がいる。

人＝入・

人がへやに入る。

右＝石・

右手で石をひろう。

学＝字・

つくって かきましょう。

木＝水・

村＝林・

にて いる かん字を つかった 文づくり ②

名まえ

● かん字の かたちに 気を つけて、かきましょう。

王＝玉・

なぞって かきましょう。

王さまが、しゃぼん玉をつくる。

貝＝見・

きれいな貝を、見つけた。

つくって かきましょう。

木＝休・

中＝虫・

土＝上・

おもい出(だ)して　かこう　①

名まえ

● うれしかった　こと、がんばった　こと

・てつぼうのさかあがりのれんしゅうをまい日(にち)まい日(にち)した。
・さかあがりができたとき、みんながよろこんでくれて、うれしかった。
・ともだちが、おしえてくれた。

山田(やまだ)　みか

① 「　」に　ことばを　かきましょう。
みかさんの　文(ぶん)しょうを　かんせい　させましょう。

さかあがりができたこと

山田　みか

「　」の「　」

わたしは、
をまい日まい日れんしゅうしました。
「　」が、おしえてくれました。
「　」ができたとき、みんな
がよろこんでくれて、うれしかった
です。
こんどは、まだできない人におし
えてあげたいです。

おもい出して かこう ②

名まえ

● うれしかった こと、がんばった こと

・えんそくで、どうぶつえんへ いった。
・ぞうが大きくて、おどろいた。
・ペンギンがあるいているのが、かわいかった。
・グループでけんがくしたのが、たのしかった。

まえかわ たくや

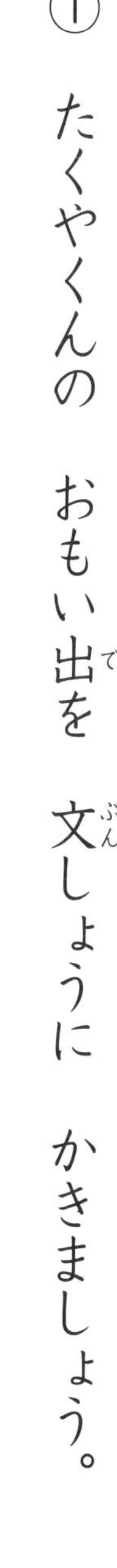

① たくやくんの おもい出を 文しょうに かきましょう。

たのしかった えんそく

まえかわ たくや

ぼくは、

79頁

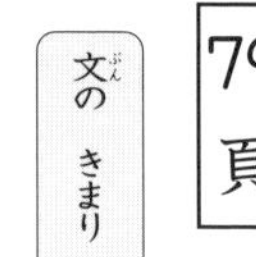

文の きまり ① まる（。）　名まえ

● 文の さいごには まる（。）を つけます。つぎの 文に まる（。）を つけて、二つの 文に しましょう。できた 文を かきましょう。

① 空は、青い くもは、しろい

空は、青い。
くもは、しろい。

② ぼくは、ともだちとあそびました おにごっこをしました

ぼくは、ともだちとあそびました。
おにごっこをしました。

80頁

文の きまり ② てん（、） まる（。）　名まえ

● つぎの 文に てん（、）と まる（。）を つけて かきましょう。

① わたしは がっこうへいく

わたしは、がっこうへいく。

② おかあさんは そうじをする

おかあさんは、そうじをする。

③ あかいはなが さいた

あかいはなが、さいた。

④ 大きないぬが ほえた

大きないぬが、ほえた。

てん（、）や まる（。）は、
—は、 どうする。
—が、 どうする。 の ような 文の ときに
わかりやすく する ために つかうよ。

81頁

文の きまり ③ てん（、） まる（。）　名まえ

● つぎの 文に てん（、）と まる（。）を つけて かきましょう。

① かぜをひいて くすりをのんだ

かぜをひいて、くすりをのんだ。

② 手をあらって おやつをたべる

手をあらって、おやつをたべる。

③ 先生 ありがとうございます

先生、ありがとうございます。

④ わあ おいしそうなケーキだ

わあ、おいしそうなケーキだ。

82頁

はなしことば ① かぎ（「」）　名まえ

● はなした ことばは、かぎ（「」）を つかって かきます。

(1) つぎの 文を なぞりましょう。

「さようなら。」と、手をふりました。

「では、かえろう。」と、くじらはいいました。

(2) つぎの 文に かぎ（「」） てん（、） まる（。）を つけて かきましょう。

① ただいま と ぼくはいいました

「ただいま。」と、ぼくはいいました。

② みんなは おうい と よびました

みんなは、「おうい。」と、よびました。

「、」「。」も わすれないでね

解答例

本書の解答は，あくまでもひとつの例です。児童に取り組ませる前に，必ず指導される方が問題を解いてください。指導される方の作られた解答をもとに，児童の多様な考えに寄り添って○つけをお願いします。

83頁

はなしことば ② かぎ（「」）　名まえ

● 「」を つかって 文を かきましょう。

① つぎの 文を なぞりましょう。

「ひろってくれてありがとう。」と、おれいをいいました。

② つぎの 文に かぎ（「」）と てん（、）と まる（。）を つけて かきましょう。

（またあおうね ぼくたちは やくそくをしました）

「またあおうね。」ぼくたちは、やくそくをしました。

84頁

えを 見て 文を つくろう ①　名まえ

● 見つけた ことを 文しょうに かきましょう。［ ］に あてはまる ことばを えから 見つけて かきましょう。

〈ねこの たま〉

まるくなる　ふわふわ　くろ　ちゃいろ　しろ　つりめ　ほそいひげ

・いろ
・かたち
・さわった かんじ
・うごき

たまのけは、くろとちゃいろとしろです。さわると、ふわふわしています。めは、つりめです。はなのまわりには、ほそいひげがはえています。まるくなってねます。

85頁

えを 見て 文を つくろう ②　名まえ

● 見つけた ことを 文しょうに かきましょう。［ ］に あてはまる ことばを えから 見つけて かきましょう。

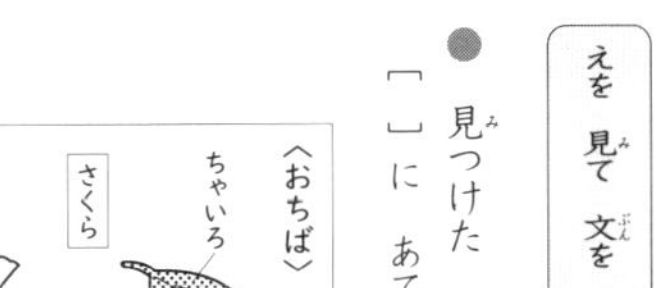

・いろ
・しゅるい
・さわった かんじ

こうえんへいって、おちばをみつけました。さくらのはは、ちゃいろでした。いちょうのはは、きいろでした。さわると、かさかさしていました。

86頁

えを 見て 文を つくろう ③　名まえ

● えを 見て 文を つくりましょう。「は」「を」「へ」を つかいましょう。

① がっこう　ぼうし

わたしは、ぼうしをかぶってがっこうへいきます。

② おかあさん　えき

わたしは、えきへおかあさんをむかえにいきました。

③ こうえん　ぼく　ブランコ　（れい）

ぼくは、こうえんへブランコをしにいきます。

87頁

えを 見て 文を つくろう ④ 名まえ

(1) えを みて 文を つくりましょう。「は」「で」「を」を つかいましょう。

① ぼく としょしつ 本 よむ

ぼくは、としょしつで本をよみます。

② わたし おんがくしつ うた うたう

わたしは、おんがくしつでうたをうたいます。

(2) えを みて 文を つくりましょう。「は」「で」「を」を つかいましょう。

① おにいさん こうえん サッカー

(れい) おにいさんは、こうえんでサッカーをします。

② おねえさん きょうしつ おちゃ のむ

(れい) おねえさんは、きょうしつでおちゃをのみます。

88頁

まちがいを なおして 文づくり ① 名まえ

● えに あう ことばは どれでしょう。正しい ほうを ○で かこみましょう。（ ）の もじの ただしい 文を かきましょう。

① ぼく （わ・(は)）、くつ （(を)・お） （わ・(は)） きます。

かきましょう。

ぼくは、くつをはきます。

② （(わ)・は） たしたち （わ・(は)） お （(お)・う） きな みせ （(へ)・え） かいものに いきます。

かきましょう。

わたしたちは、おおきなみせへかいものにいきます。

89頁

(90・91頁は略)

まちがいを なおして 文づくり ② 名まえ

● つぎの 文の 字の つかいかたで、まちがって いる ところに ——せんを ひいて、ただしく かきましょう。（まちがいを 二つずつ さがしてみよう。）

(れい)

① きのお（う）、ほんお（を） かりに、としょかんえ（へ） いきました。

② わたしわ（は） おもしろそうな ほんお（を） 見つけました。きれいな えほんも ありました。

③ 二さつ かりて、うちえ（へ） かへり（え） ました。

92頁

かん字を つかった 文づくり ③ 名まえ

● ——せんの かん字の よみかたを（ ）に かきましょう。かん字の よみかたに 気を つけて、文を かきうつしましょう。

(1)

① きょうは、十月三日で日よう日です。（か）（にち）（び）

きょうは、十月三日で日よう日です。

② お日さまがまぶしい。（ひ）

お日さまがまぶしい。

③ 本日は、やすみです。（じつ）

本日は、やすみです。

(2)

① どうろは、左右を見てわたります。（さ）（ゆう）

どうろは、左右を見てわたります。

② 左手をつかいます。（ひだり）

左手をつかいます。

解答例

本書の解答は，あくまでもひとつの例です。児童に取り組ませる前に，必ず指導される方が問題を解いてください。指導される方の作られた解答をもとに，児童の多様な考えに寄り添って○つけをお願いします。

93頁

かん字を つかった 文づくり ④　名まえ

● ―せんの かん字の よみかたを（　）に かきましょう。かん字の よみかたに 気を つけて、文を かきうつしましょう。

(1)
① せんせいがうえた木が、そだつ。（き）
せんせいがうえた木が、そだつ。

② きょうは、木よう日だ。（もく）
きょうは、木よう日だ。

(2)
① ありは、小さいむしだ。（ちい）
ありは、小さいむしだ。

② らいねん、ぼくは小がくせいになる。（しょう）
らいねん、ぼくは小がくせいになる。

94頁

せつめいする 文を つくろう ①　名まえ

● □に あてはまる ことばを □から 見つけて かき、文を つくりましょう。

① バスや じょうよう車は、人を のせて はこぶ しごとを して います。

はこぶ　バス

② そのために、ざせきの ところは、ひろく なって います。そとの けしきが よく 見える ように、大きな まども あります。

まど　ざせき　ひろく　そのために

95頁

せつめいする 文を つくろう ②　名まえ

① □に あてはまる ことばを □から 見つけて かき、文を つくりましょう。

トラックは、にもつをはこぶしごとをします。そのために、うんてんせきのうしろは、ひろいにだいがあります。

にだい　トラック　にもつ　そのために

② ①の 文を かきうつしましょう。

トラックは、にもつをはこぶしごとをします。そのために、うんてんせきのうしろは、ひろいにだいがあります。

96頁

かたかなを つかった 文づくり ①　名まえ

● えを 見て 文を つくりましょう。のばすおんや 小さく かく かたかなに 気を つけて、かきましょう。

① ころっけ　そうす
コロッケにソースをかけました。

② くりすます　けえき
クリスマスにケーキをたべました。

③ どーなつ
（れい）おやつにドーナツをたべました。

④ じゃむ　ぱん
（れい）あさごはんにジャムをぬったパンをたべました。

どーなつ→ドーナツ　ぱん→パン　じゃむ→ジャム

97頁

かたかなを　つかった　文づくり　②　　名まえ

● えを　見て　文を　つくりましょう。かたかなを　つかって　かきましょう。

① じゃんぐるじむ

ぼくは、こうえんへいってジャングルジムであそびました。

② さっかあ　おにいさん

ぼくは、おにいさんとサッカーのれんしゅうをしました。

③ わたし　すきい

（れい）わたしは、スキーがとくいです。

④ いもうと　ぜりい　すぷうん

（れい）いもうとは、スプーンをつかってゼリーをたべました。

じゃんぐるじむ→ジャングルジム　すきい→スキー　すぷうん→スプーン
さっかあ→サッカー　ぜりい→ゼリー

97

98頁

ともだちのこと、しらせよう　①　　名まえ

● ともだちに　きいた　ことを　文しょうに　かきましょう。

わたし：すきなたべものは、なんですか。
ひなた：いちごがすきです。
わたし：どうして、いちごがすきなんですか。
ひなた：あまくて、おいしいからです。
あかくて、かわいいところもすきです。

ひなたさんといちご
さとう　あかり

ひなたさんのすきなたべものは、いちごです。あまくて、おいしいからすきなんだそうです。あかくて、かわいいところもすきだそうです。

98

99頁

ともだちのこと、しらせよう　②　　名まえ

● ともだちに　きいた　ことを　文しょうに　かきましょう。

ぼく：いま、いちばんたのしいことは、なんですか。
りく：サッカーをすることです。
ぼく：どこで、れんしゅうしていますか。
りく：ちかくのグラウンドです。
ぼく：だれとれんしゅうをしていますか。
りく：にいさんやともだちです。

りくくんとサッカー
もり　ひろき

りくくんが、いま、いちばんたのしいことは、サッカーをすることです。ちかくのグラウンドで、にいさんやともだちとれんしゅうをしているそうです。

99

100頁

ものの　名まえを　つかった　文づくり　①　　名まえ

(1) えを　見て　文を　つくりましょう。まとめて　よぶ　ことばを　□から　えらんで　「　」に　かきましょう。

① ちょう　かぶとむし　とんぼ

とんぼ、ちょう、かぶとむしは、どれも「むし」です。

② つばめ　いんこ　ふくろう

ふくろう、つばめ、いんこは、どれも「とり」です。

とり　むし

(2) えを　見て　文を　つくりましょう。ものの　名まえと　まとめて　よぶ　ことばを　つかいましょう。

トラック　パトカー　バス

（れい）トラック、バス、パトカーは、どれものりものです。

のりもの　たべもの

100

解答例

本書の解答は，あくまでもひとつの例です。児童に取り組ませる前に，必ず指導される方が問題を解いてください。指導される方の作られた解答をもとに，児童の多様な考えに寄り添って○つけをお願いします。

101頁

ものの 名まえを つかった 文づくり ②

名まえ

(1) えを 見て 文を つくりましょう。まとめて よぶ ことばを □から えらんで「 」に かきましょう。

① きゅうり　なす　だいこん

② ピアノ　もっきん　たいこ

やさい　がっき

なす、きゅうり、だいこんは、どれも「やさい」です。

ピアノ、たいこ、もっきんは、どれも「がっき」です。

(2) えを 見て 文を つくりましょう。ものの 名まえと まとめて よぶ ことばを つかいましょう。

(れい)

せんべい　クッキー　チョコレート

せんべい、クッキー、チョコレートは、どれもおかしです。

102頁

てがみを かこう ①

名まえ

● □の 中の てがみの 文を、かきうつしましょう。

けんたくんへ
つぎの日よう日に、こどもかいでこまをつくります。いっしょにいきませんか。
ゆうきより

なぞりましょう。

けんたくんへ つぎの日よう日に、こどもかいでこまをつくります。いっしょにいきませんか。ゆうきより

かきましょう。

けんたくんへ つぎの日よう日に、こどもかいでこまをつくります。いっしょにいきませんか。ゆうきより

103頁

てがみを かこう ②

名まえ

● □の 中の てがみの 文を、かきうつしましょう。

ゆりおばさんへ
かきが、とどきました。さっそくたべたら、とてもあまくておいしかったよ。ありがとうございました。
ともき

なぞりましょう。

ゆりおばさんへ かきが、とどきました。さっそくたべたら、とてもあまくておいしかったよ。ありがとうございました。ともき

かきましょう。

ゆりおばさんへ かきが、とどきました。さっそくたべたら、とてもあまくておいしかったよ。ありがとうございました。ともき

104頁

きいた ことを 文に しよう ①

名まえ

● ともだちに、しりたい ことを きいて、文を つくりましょう。

わたし　どんなおはなしがすきですか。

まゆ　わたしがすきなおはなしは、「三びきのこぶた」です。三びきのこぶたがちがういえをたてるところが、おもしろいです。

わたし　ほかに、だれが出てきますか。

まゆ　わるいおおかみが出てきます。おおかみは、こぶたをたべようとします。

「 」に ことばを いれて、かきましょう。

まゆさんがすきなおはなしは、「三びきのこぶた」です。三びきのこぶたがちがう「いえ」をたてるところが、おもしろいそうです。「おおかみ」が出てきて、こぶたをたべようとするそうです。

105頁

きいた ことを 文に しよう ②　名まえ

● つぎの ことを 文しょうに かきましょう。

ぼく：すきなきょうかはなんですか。二つおしえてください。

ゆうか：一つ目は、おんがくです。うたをうたうことがすきだからです。二つ目は、ずこうです。えをかくことがたのしいからです。

● つづけて 文をつくって、かきましょう。

ゆうかさんがすきなきょうかを、二つききました。一つ目は、おんがくです。うたをうたうことがすきだからです。二つ目は、ずこうです。えをかくことがたのしいからです。

106頁

文を つくろう ことばあそび ①-(1)　名まえ

● ことばを 見つけよう。

(1) [ ]に いきものの なまえを かいて、文を つくりましょう。

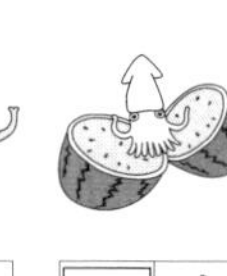

① すいかの中には、[いか]がいる。

② れいぞうこの中には、[ぞう]がいる。

③ ぼうしの中には、[うし]がいる。

(2) [ ]に あてはまる ことばを かいて、文を つくりましょう。

① プリントの中には、[プリン]がある。

② ふくろの中には、[ふく]がある。

107頁

文を つくろう ことばあそび ①-(2)　名まえ

① さかさまに よんでも

● つぎの ことばは 上から よんでも 下から よんでも おなじ ことばに なります。

なぞりましょう。

しんぶんし

つづけて かきましょう。

かんけいないけんか

このこどもどこのこ

上からも下からもよんでみてね。

② わたしは だあれ

● 文を 見て ○に あてはまる 字を 見つけましょう。できた ことばを □に かきましょう。

○なの みつが ごちそうよ
○ょうちょさんとは おともだち

わたしは はち です。

○いしいね
かってもらうと
○あわせよ

わたしは おかし です。

わたしのなまえでもつくってみよう。

108頁

にて いる かん字を つかった 文づくり ①　名まえ

● かん字の かたちに 気を つけて、かきましょう。

なぞって かきましょう。

大＝犬・大きな犬がいる。

人＝入・人がへやに入る。

右＝石・右手で石をひろう。

つくって かきましょう。

学＝字（れい）・学校で字のれんしゅうをする。

木＝水（れい）・木に水をやる。

村＝林（れい）・村の中に林がある。

本書の解答は，あくまでもひとつの例です。児童に取り組ませる前に，必ず指導される方が問題を解いてください。指導される方の作られた解答をもとに，児童の多様な考えに寄り添って○つけをお願いします。

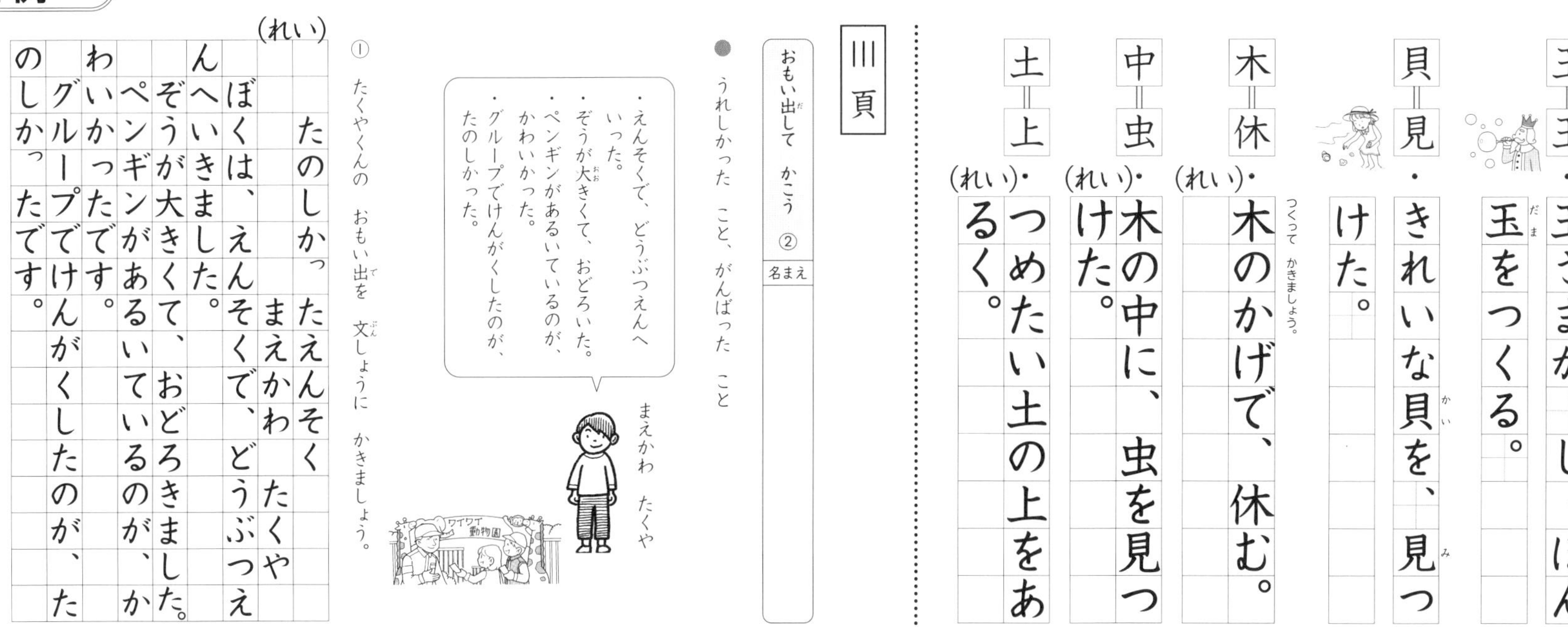

109頁

にている かん字を つかった 文づくり ②　名まえ

● かん字の かたちに 気を つけて、かきましょう。

なぞって かきましょう。

王＝玉・王さまが、しゃぼん玉をつくる。

貝＝見・きれいな貝を、見つけた。

つくって かきましょう。

木＝休（れい）・木のかげで、休む。

中＝虫（れい）・木の中に、虫を見つけた。

土＝上（れい）・つめたい土の上をあるく。

109

110頁

おもい出して かこう ①　名まえ

● うれしかった こと、がんばった こと

・てつぼうのさかあがりのれんしゅうをまい日まい日した。
・さかあがりができたとき、みんながよろこんでくれて、うれしかった。
・ともだちが、おしえてくれた。

山田 みか

① 「　」に ことばを かきましょう。みかさんの 文しょうを かんせい させましょう。

さかあがりができたこと

山田 みか

わたしは、「てつぼう」の「さかあがり」をまい日まい日れんしゅうしました。「ともだち」が、おしえてくれました。「さかあがり」ができたとき、みんながよろこんでくれて、うれしかったです。

こんどは、まだできない人におしえてあげたいです。

110

111頁

おもい出して かこう ②　名まえ

● うれしかった こと、がんばった こと

・えんそくで、どうぶつえんへいった。
・ぞうが大きくて、おどろいた。
・ペンギンがあるいているのが、かわいかった。
・グループでけんがくしたのが、たのしかった。

まえかわ たくや

① たくやくんの おもい出を 文しょうに かきましょう。

（れい）

たのしかったえんそく

まえかわ たくや

ぼくは、えんそくで、どうぶつえんへいきました。ぞうが大きくて、おどろきました。ペンギンがあるいているのが、かわいかったです。グループでけんがくしたのが、たのしかったです。

111

喜楽研の支援教育シリーズ

もっと　ゆっくり　ていねいに学べる　個別指導に最適

作文ワーク 基礎編 1-②「読む・写す・書く」

光村図書・東京書籍・教育出版の
教科書教材より抜粋

2023 年 4 月 2 日

イ ラ ス ト：山口　亜耶・浅野　順子　他
表紙イラスト：鹿川　美佳
表紙デザイン：エガオデザイン
企 画・編 著：原田　善造・あおい　えむ・堀越　じゅん・今井　はじめ・さくら　りこ
中　あみ・中　えみ・中田　こういち・なむら　じゅん・はせ　みう
ほしの　ひかり・みやま　りょう（他４名）
編 集 担 当：田上　優衣・堀江　優子

発　行　者：岸本　なおこ
発　行　所：喜楽研（わかる喜び学ぶ楽しさを創造する教育研究所：略称）
〒604-0827　京都府京都市中京区高倉通二条下ル瓦町 543-1
TEL 075-213-7701　FAX 075-213-7706　HP https://www.kirakuken.co.jp
印　　　刷：株式会社米谷

ISBN : 978-4-86277-434-7

Printed in Japan